私はあの世の「裁判官」だった

霊魂彗星：初めて明かされる魂の発信基地

吉田壽治

ヒカルランド

新装改訂版によせて
――私があの世で関係した著名人との体験談

5次元文庫での刊行から11年（2010年出版）経った2021年、あらためて、ヒカルランドより新装改訂版を出す運びとなりました。この不思議で必然のめぐり合わせに感謝しております。

前回の出版から現在までの流れをみて感じることは、世の中いろいろと変わりつつありますが、社会全体の霊的なレベルアップという面では、まだまだ進んでいないというのが正直な感想です。

「未来シミュレーション」の予定では、今の時点で、すでに人間本来が持っている絶対愛に目覚め、その力を発揮して、人類が共存共栄する動きを見せないといけないのですが、まだまだそのようにはなっていません。

無償の愛を与える、人々が助け合って生きる社会になる必要があるのです。特にエネルギーの強い人は、弱い人を助ける役割があるのですから、そういう人々を中心に速やかに変わっていかなければなりません。

このままでは、地球自体が危ういのです。もう少し進化の速度を上げなければ、「未来シミュレーション」で見たように、地球が取返しのつかない危機的な状態に陥りかねません。

今、日本も世界も非常に重大な岐路に立たされています。特に日本は、政治の質をさらに向上させるべく、慎重に考慮して政策を実行に移すべき時なのです。

あと何年かすれば、後述しますが田中角栄の生まれ変わりの人物が、日本のために力を発揮する時がやってきます。しかし、一人ひとりの魂の進化上昇と目覚めは待ったなしの状況にあります。

そこで今回、覚醒への意識を促す一助になればとの思いもあり、前回の出版時ではあえて伏せていた実在人物のお名前を一部公表することにしました。

前回の出版後、読者の方々に本の中の登場人物を明かしてお話しすると、よりリアルに内容をイメージしやすくなったというご意見をいただきました。新装版にするに当たり、本章の内容はそのままですが、何名かのお名前を、この「新装版によせて」に書き記すことにしました。

以下、著名人物たちのお名前と、体験内容の解説を一部掲載させていただきます。

★イエス・キリスト（114p15行目より）

私が体験した中では、イエスと直接話した記憶はありません。この場面は、使者からの伝達により記憶されたものです。

霊魂彗星から遠く離れた場所に宇宙本部があります。そこは、宇宙全体の生命体を総括している場所です。イエスは、そこで本部長を務めています。

本部は霊魂彗星よりも厳しい環境であるために、イエスのエネルギーの消耗が激しく、衰弱されているとのことでした。そこで役員会議の結果、霊魂彗星でしばらく休養していただくことになりました。

★明治天皇（191p3行目より）

部下十数人と共に、馬に乗って慌てた様子であの世にやってきました。なぜか死後の過程を飛ばしてきたようで、あの世のシステムを把握できていませんでした。

スタッフが状況を説明すると、判断力、実行力に優れた彼（明治天皇）は、自分が生まれることで、役にたつ場所を質問してきました。私が地球の状況を説明し、絶え間なく争いの続く中東の様子を見せると、そこで自分の力を発揮させ、平和な社会が築けるようにすると意気込んで進んで行きました。

おそらく、その後中東に生まれて、和平実現のために活躍する人物となったことと思われます。

★上皇陛下（184p13行目より）

一般的に今の地球上においては、肉体を伴うことにより、あの世にいる時とは意識にズレや変化が生じます。この世での環境やしがらみが、あの世から生まれ持った善の心にマイナスに作用することがあるのです。

しかし、陛下は、あの世での穏やかで思慮深く徳がおありのご様子が、この世でもお変わりないようにお見受けします。私は霊体の状態で、陛下の弱者に対する深い思いやり、福祉の心も読み取ることができました。やはりエネルギーもとても大きく、まさに国の精神的支柱として尊い存在と感じ入りました。

★田中角栄（175p5行目より）

あの世で「未来シミュレーション」を見ていた時、中国辺りに巨大な霊的エネルギーの魂が二十個生まれました。

そのことにより、中国がめざましく発展し世界を制する勢いとなり、隣国との関係が悪化するビジョンでした。そして最終的には、中国を含む二十億の人々の死に繋がる様子が見てとれました。

それを回避するために、二十個のうちの八個を他国へと移動させました。八個の中には、二十個の中でも一番勢いが強くて要となる魂が一個入っていました。人々の心を上手に惹きつける魂の持ち主、その人物こそが、田中角栄だったのです。

彼は、二、三百年くらいは、日本の発展のために貢献する人物です。そして中国とも良好な関係を築くことができます。そのエネルギーは、世界の安定、発展にも影響を及ぼすほどです。

重要な人物であるため、霊魂彗星には帰らずに、日本で何度か転生することになっています。

田中角栄が亡くなられたのが、１９９３年。すぐにこの世で生まれ変わったとしても現在まだ二十代前後。三十歳を過ぎたあたりから、頭角を現し始めるはずです。

彼が表舞台に現れることで、日本の政治の質は向上し、しばらくは安定・安泰の機運が生まれます。

★サイババ（１４８p15行目より）

この世でインドのスピリチュアルリーダーとして知られた奇跡の聖者サイババでしたが、あの世では、エネルギーの研究や未知の探究に力を注ぐ特殊部隊の隊長であったと思います。

彼に関しては、はっきりと断言できないのですが、地球に降りて行く際、インドの方へ向かって行ったということ、その頃にインドで生まれた人で、彼以外に当てはまりそうな人が見つからないことなどから、この場面に登場する人物はサイババではないかと思っています。

隊長クラスのエネルギーの持ち主ならば、地球上で生まれてからも、その能力によって、世界の人に知れ渡るほどの人物であるはずということも言えるのです。

★高齢者や女性問題を専門とされる学者（187p9行目より）

彼女はあの世で、何十人かの代表として、私のところへやってきました。普通ならば、スタッフが話を聞いて対応するのですが、直接男女の問題について、訴えに来たのです。こんなことは、めったにないことでした。

1979年に、私があの世のことを思い出してしばらくした頃、テレビを見ていると、彼女が出ていました。

個が持つ全体の雰囲気、話し方などから「あの時の女性だ！」とピンときました。もちろんあの世では、肉体を伴わないので、見た目ではないのですが、その人の発している独特のエネルギーというか、言葉では表現しにくいのですが、感覚でわかるのです（しかしながら、現在この世でご存命であり、また１００％ご本人という確証もございませんので、ここではお名前は伏せておきます）。

テレビに出ていた彼女は、あの世の時と同じように、男女の問題について、熱く語っていました。今でも積極的に活動されているようです。

おそらく生まれる前に、男女における女性の立場について、何とか改善・改革しようという課題を設定していたのではないでしょうか。

誕生前の強い意志が、この世で課題を成し遂げようとする姿に反映されているように思われました。

★あの世で共に任務についていた役員（１１４ｐ６行目など）

霊魂彗星の中の小高いところに役員の丘という場所があり、ここに五人の役員が集って会議を開きます。この五人（木・火・土・金・水）のうちの金は、あなたのご子息ですか？　と聞かれることがありますが、その通りです。今もあの世から地球を見守り、役目を果たしていると思います。

今、この時期のタイミングで本書が再刊行されることに、宇宙の大いなる意図も感じております。霊魂彗星をさらに身近に感じて理解を深めていただき、内なる霊的スイッチをオンにして、真の愛に目覚めていただければ幸いです。

これからの皆さまの幸せな人生と、社会の進歩を願ってやみません。

令和三年六月

吉田壽治

はじめに　人間が生きる意味・目的とは何か
――その答え全てを解き明かした宇宙次元の旅へ

一九七九年初秋のある日、私は突然おそらく誰も体験したことがないと思われる特別な体験をしました。

あまりにも唐突で誰もが信じがたいものでありますが、生命体には、生まれる以前に霊的な生命があるということを体験を通して知ったのでした。その体験は、前世の私が死を迎えたところから始まり、今の私が生まれるまでのことをはっきりと思い出させるものでした。

いったい死んだらどうなるのか、いわゆるあの世がどういうところなのか、といった今まで考えてもみなかったことが、瞬時に知識として私に流れ込んできたようでした。

もちろん多くの方が、あの世をかいま見たような体験をされているのですが、私の体験内容が他と異なるのは、あの世の裁判官として、多くの生物の転生にかかわる仕事に携わっていたというところなのです。

人生は課題を成し遂げるための三日間（九十年）の旅であり、人は宇宙の法則に基づいて生まれてくる。

このことを文章に残し、人々に伝えることこそが、私の人生の課題であるということを思い出しました。そこには、人類が求め続けている、人間が何のために生まれ、いかに生きるべきかという問いに対する答えがあるのです。

本来、人間には、いかに価値ある人生を生くべきかという向上心が基底に備わっていいます。そして、全体の中にあって善く見られたい、個の存在を認めてもらいたいという願望が内在します。社会的には、社会を構成する一員として何をなすべきか、あるいは何をなしてはならないのかということが、道徳、倫理の問題として問われます。そのために生涯にわたって多くのことを学び修得しなければなりません。そうすることによって、個が輝きを増し、生まれもって備わっているそれぞれの善さを発揮することができるのです。そのうえ、それが喜びとなり、人々をも導くものとなれば、生きがいともなるのです。

とはいえ、実際における人生は、平凡な日常生活の繰り返しになりがちです。本来あるべき姿とは異なってしまうのです。そのような中にあっても、時として天災や事故などの想像すら絶する出来事が誰の身にも起こり得ます。しかし、たとえそのようなことが起こったとしても、自己の身にふりかかったときには、自分だけはたくみに対処し、難から逃れるであろうという思いが人間にはあるのです。

もしあなたが私のような体験をすれば、いったいどのような身の処し方をされるのでしょうか？

私は、あまりにもリアルな体験内容であったにもかかわらず、現在に至る自分の人生の実態とは大きく掛け離れたものであったため、できることなら体験そのものを否定して波風の立たぬ人生を歩もうと望んでいました。それゆえ懸命に否定し続けました。

それまでの私は、これといって信仰するものもなく、どちらかといえば目に見えない神がかり的なもの、いわゆる非科学的なものに対して、何の根拠も持たずして拒否反応さえ示していました。私の人生は、何かにつけて恵まれているということはありませんでしたが、努力すればいつの日かと自らを励まし、自分の力のみを信じるものでありました。いわゆる個人主義的な自我で覆(おお)い尽くされていたのでした。

ところが、体験をしたことにより、その意識が根底から覆(くつがえ)されたのでした。私の体験が断片的なものであれば、完全に自分の中で抹殺(まっさつ)していたのですが、その体験は違いました。夢や妄想や作り話ではないのです。

その日から、私の否定しようとする思いとは反対に、心の中では体験したことが知識として確信となっていったのでした。今までの人生からは考えも及ばないような体験――し

三、そして、やはり自分は普通の人間であるという思いがよぎり葛藤が生じました。そして、三年間は黙して語りませんでした。その間も体験にかかわると思われる事柄に知らず知らずのうちに注目し、情報収集している自分がいました。ニュース等であまりにも醜い人類の様に接することが度重なると、このままでは人類は間違った方へ向かってしまうのではないか、体験内容を人々に伝えなければならない、という自分の中からあふれ出る思いを抑えることはできませんでした。

いったい自分に何が起こったのか。体験したことがあまりに特殊であったので、それにふさわしい言葉はないものかと思っていました。ふと内容が宇宙全体のことであるということから、簡単明瞭に「宇宙意識」という言葉が浮かびました。しかし、すでにその言葉は存在しており、意味を調べると私の思うところに近いものでした。

「宇宙意識とは、普通の人間が持っている意識を超えた、より高次の意識形態のことです。」宇宙意識は、第三の意識形態です。これは、自己意識が単純意識の上方に位置するのと同様に、自己意識の遥か上方に位置します。

宇宙意識の主な特徴は、その名前が示す通り、宇宙、つまり、森羅万象の生命と秩序に関する意識です。

宇宙意識を持つことによって、それだけでその人を存在の新たな領域へ連れて行き、ほとんど新しい種の一員にしてしまうような知的な光明あるいは啓示が起こります。」（リチャード・モーリス・バック『宇宙意識』尾本憲昭訳　ナチュラルスピリット）

私は抵抗なく、私の体験が宇宙意識体験と言えるものであると確信しました。宇宙の生命と秩序、そして人間社会に必要な宇宙の法則を思い出したのです。

その体験内容は、哲学、宗教をかいま見てもあまり見いだすことはできませんでした。人間とは何であるかということは、何千年にもわたって哲人、宗教人らによって説かれていますが、いまだにはっきりした答えは出ておりません。

科学的に見ても、死後の世界の体験を証明することは、本来不可能なことなのであります。

人類が永遠に求めている、人間の存在価値とは何か。生きるとは何か。それらの問題は、歴史的に見ても答えが出ておらず、多くの疑問を投げかけているのが現実であります。

例えば哲学では、観念論と唯物論が幾時代にわたって優劣を競い、論争しているような状態であります。

宇宙意識を高次の意識として捉(とら)えた場合、本来はアリストテレス以来の哲学でいうところの第一哲学であり、形而上学(けいじじょうがく)（自己を超える）ということになりますが、哲学イコール難解といったイメージも強く、アレルギー反応を示したり、理解に苦しむ人も多いことでしょう。神の領域となるとなおさらのことです。私自身も哲学を学ぶにつれ、底無しの沼にのめり込む思いがしました。

そのような中でも、哲学者ソクラテスの死には感銘を受けました。『ソクラテスの弁明・クリトン』（プラトン　三嶋輝夫・田中亨英訳　講談社）では、ソクラテスが一つのことを伝えるために命を懸ける様子が描かれています。

ソクラテスには、幼いころから一種の神的でダイモニオン的といわれる声が現れていました。それは、ある種の超越した意識からであり、宇宙意識の初歩的な段階であるともいえます。それを繰り返し体験することによって、通常意識では到達することのできない理性の深部に触れることができたのではないかと思われます。そうして善美を説くことに目覚めたソクラテスは、神託を契機として、後半の人生は、人々の面前で政治家やソフィストなどと徳について吟味し厳しい問答を繰り返し、彼らのうぬぼれや偽善を痛烈に批判することで、無知の自覚と愛知心を促すことに力を注いだのであります。

ソクラテスはおそらく、よく生きることによって「精神をできるだけすぐれたものにする」つまり魂の成長を促すことが、人間が生きる上で重要であるということを知ったのだと思われます。

神的な体験をしたにもかかわらず、宗教を起こすといった形でなく哲学を導き出したことが、ソクラテスの魅力でもありますが、職業としてでなく哲学に精魂傾ければ、生活の糧を得ることは容易でなく、あえなく貧窮に陥ることになります。その有り様を心苦しくもありながら顧みることがなかったのは、そのことを知ってしまうと、宇宙意識を体験した人は、「自分たちの同胞の安らぎと善のために、そこで自分たちが見たものを人類に詳しく伝えたい」（前出『宇宙意識』）という思いにかられるからなのです。しかしその思いを人々に伝えることは、そうたやすくはないのです。

ただの善美を説くのであれば、人々の反感を買うこともなかったでしょうが、現実の世界と人間存在の一番深い部分で触れた本来人間のあるべき姿との甚（はなは）だしいひらきに戸惑いを覚えると「知らないのに何か知っているように思っている」人に対して、皮肉で攻撃的な問答を繰り返すことになるのです。外面は優秀とされる人が、ソクラテスによって人々の面前で内面が無であることを暴露され、恥をかかされたことにより、かれらは自負心を失い不安を感じ、ソクラテスに対して憎しみをいだいたのでしょう。悪評が立ったことを全く気にしなかったわけではないでしょうが、多くの人と対話することで、わずかでも理解してくれる人がいる可能性があるからには、対話をすることに日々励まなければならなかったのです。その結果、ソクラテスは裁判にかけられ、毒杯刑に処せられることになりました。しかし、その死もすでに覚悟の上でのことだったのです。そこまでの覚悟があったからこそ、その思いが弟子たちに伝わり、弟子たちによって後世まで伝えられることとなったわけであります。

宇宙意識体験をした私にとって、そのときのソクラテスの思いが、今の私の思いとどことなく重なるように感じられ、心に響いてきます。

次に宗教はどうかといいますと、本来人間生活の全てにかかわり、人間の根本問題を解決しようとし、人々を導くものであるはずが、時として戦争を引き起こしたり、争いの場面を呈するのであります。数知れないほどの宗教が存在しておりますが、客観的に見ると理解に苦しむような内容のものもあり、宗教自体に嫌気が差すといった思いを抱く人も見受けられます。

人類の真実が見いだせれば、根本は同じであることがわかります。迷いがなくなることによって、宗教は音を立ててくずれ、新たに再編の道をたどることになるでしょう。

私の体験によると世界全体で二、三種の宗教が、かつての在り方とは異なって存在することがはっきりと確認されました。それは、精神や霊的なことに対する理解が深まることによって、呪いや祟り、悪しき因果といったマイナス要素が消え去り、死を迎えたときには、生涯を共にした肉体への感謝の気持ちを表現するようなものとなるのです。

『宇宙意識』の著者で精神科医のリチャード・モーリス・バックは「宇宙意識の誕生に触

れることで、今ある既存の宗教や宗教と名のつくものはすべて、次第に姿を消すでしょう。」（『宇宙意識』）と述べ、また医学博士のエリザベス・キューブラー・ロスは、「人間が霊的になれば、宗教の違いなど気にしなくなります。」（エリザベス・キューブラー・ロス『宇宙意識への接近』春秋社）と述べています。

宗教が姿を消すことがいいというわけではありませんが、あらゆる宗教宗派は垣根を越えて、何らかの形で人々を導き、生きる助けとなればよいのではないでしょうか。

キューブラー・ロス博士を含め「人生に偶然はない」と言い切る人も近ごろ多く見受けられます。もちろんそれは、数多くの研究結果から導き出されたことです。

私の体験も偶然の所産ではありません。科学に比べて後れをとっている人間の精神的、社会的な進歩を促し、人類を発展へと導くものであると確信しております。

しかし、人間の実体を理解するためには、意識を改革しなければならず、それには科学のサポートが必要となるのです。

アメリカの一部の精神医学の博士たちによる臨床結果からは、携わった医師たちでさえ信じがたい死後の生命を裏付けるような例が、何万例も出てきています。

ここ百年あまりの精神医学博士たちの実践から得られた研究の成果は、哲学、宗教では見いだせなかった私の体験内容と類似する点が多く見られ、それを用いることによってより理解を深めていただけるものと思われます。

例えば、《人間はそれぞれ課題をもち、自分で人生を選んで生まれてくる》ということがわかったということなどです。

医学博士のジョエル・L・ホイットンは、退行催眠によって中間世（つぎの転生を迎えるまでの、肉体に宿っていない状態）を訪れた人々が受けたメッセージの共通点について次のように記しています。

「自分がどのような人間でどのような環境にいるかは、すべて自分の責任である。自分自身がそれを選んだ張本人なのだ。」（ジョエル・L・ホイットン『輪廻転生』片桐すみ子訳人文書院）

これは、近ごろでは他の著作物でもよく目にする内容であり、私の体験からしても正しく、宇宙意識においては、間違いのないことです。

しかし、この文章は受け取り方によっては、とても怖い文章となるのです。

人間が生まれてくる上で大前提となっている助け合う心、愛ある社会であることが抜け落ちていると、困難な課題や環境を選択した人間が苦しい立場となりかねません。

例えば、発展途上国に生まれ飢餓状態にある人間に対して、「自分で選んだのだから仕方がない」と自己責任を押し付けるようなことをしてしまっては、人間として生まれた価値が失われます。お互いに助け合って生きていかなければ、ますます貧富の差が激しくなります。

利潤のみ追求して還元しないような人生を送った場合、死後反省して、次の人生ではあえてそのような困難な環境を選ぶ人もいます。自分がその立場に生まれてきたときのことを考えてみてください。

あの世で人生の計画を立てる段階では、全てが善の心となり、愛があり、その中で共存、共栄する地域社会が確立していることが前提となっています。そのために個人が少々困難な課題を立てたとしても、乗り越えられるであろうという見通しを立てることができるのです。困難な課題にチャレンジすることが、自分のためだけでなく、ひいては人間社会の進歩につながるという思いもあるのです。したがってどのような環境にあっても、殺人や自殺などという人生計画は存在しないのであります。それなのに殺人や自殺が現実社会で起こっているということは、計画時とのギャップが生じていることになります。それを埋める努力が人間社会には必要不可欠な問題となるのです。

このままでいくと、次世代意識の如何（いかん）によっては、人類に危機が訪れることになりかねません。私が今まで述べてきたように、人々が助け合いの中で課題を成し遂げ、人間として成長しなければ人類の進歩はあり得ないのです。

人間には、生まれつき善の心が備わっています。しかしながら現在のような社会環境で育てられていくと、励むという潜在の能力から知らず知らずにマイナスの心、邪悪な心に変換してしまいます。おおかたの人はそういった心に打ち勝った結果、善行を成し遂げているのであります。とはいえ全ての人間がいつでも打ち勝つとは限りません。ともすれば、魔性の心は弱い立場の人々に向けられがちであります。

本来の意味を正確に理解しなければ、独裁者が現れた場合、思うままに利用されかねません。そうならないためにも正しく理解しなければなりません。

宇宙意識や超意識といった意識によって導き出されたことは、輪廻や前世といったことも含め、現代の通常意識においてはなかなか理解しがたいものであります。

しかし、英国では一九五五年、米国では一九五八年から退行催眠による前世治療が医療として認められています。心身の病を持った患者を催眠によって過去世まで戻すことによって、病気の原因をつきとめ治療するといったことが、すでに五十年にわたって行われてきたのであります。

精神医学の博士たちは、患者たちが忘我状態で語る内容から数々の共通点を見いだしました。それを客観的に証明せんとするために微に入り細をうがって歴史上の人物、聖人、哲人の死生観をもって説明してきましたが、医学においては患者の治療結果が何よりの証明になるのです。

ホイットン博士も二十年近く前世療法を研究した結果、無意識の心がその中にたくわえてきた前世の知識を生み出していると確信しています。（前出『輪廻転生』）

現在社会の大半が死後の生命は科学的でないと高をくくっていますが、ひとたび政治的介入でもあれば、五十年以上にわたって蓄積された精神医学のノウハウが評価尊重されて一つの潮流を作り出すかもしれません。そうなれば形勢逆転し、今まで前世がないと言っていた人々はそのことを科学的に証明しなければなりません。それは、精神医学の博士たちの苦労をはるかにしのぐ困難なものとなるはずです。なぜならば、あるものをないと立証しなければならないからです。いつまでもないと言っている人間は、成長を遂げなかった下等な人間だとレッテルが張られることにもなりかねないのです。

まさかということが起こらないためにも、あらゆることにふれておく寛大な心が必要ではないでしょうか。

死後の世界を意識的にもしくは無意識のうちに認めている人は思った以上に多いようですが、表面では、死後の世界を受け入れることに抵抗を感じている人もまだまだ多いようであります。

今生の私は、幸いにして凡人であるがゆえに、全てを語ることができるのです。

「人間は、宇宙そのもの」と多くの人が言いますが、まさにその通りなのです。思い出す前の自分では想像すらしなかったスケールの大きな話で（地球のみならず銀河にまで話が及ぶのですから）、いささか恐縮でありますが、私の体験をそのまま書き記すことが、人類の進歩につながり後世のためになると信じておりますので、ありのままのことを書き記すことにいたします。

私はあの世の「裁判官」だった　目次

第二章　霊魂彗星――輪廻転生を可能にする霊体の重要な通過拠点

第三章　裁判官の仕事
——宇宙の生命と秩序を守る特殊かつ重大な任務

第四章　宇宙の法則の実践――人間社会をいかに霊的に進化させてゆくか

霊魂彗星の図

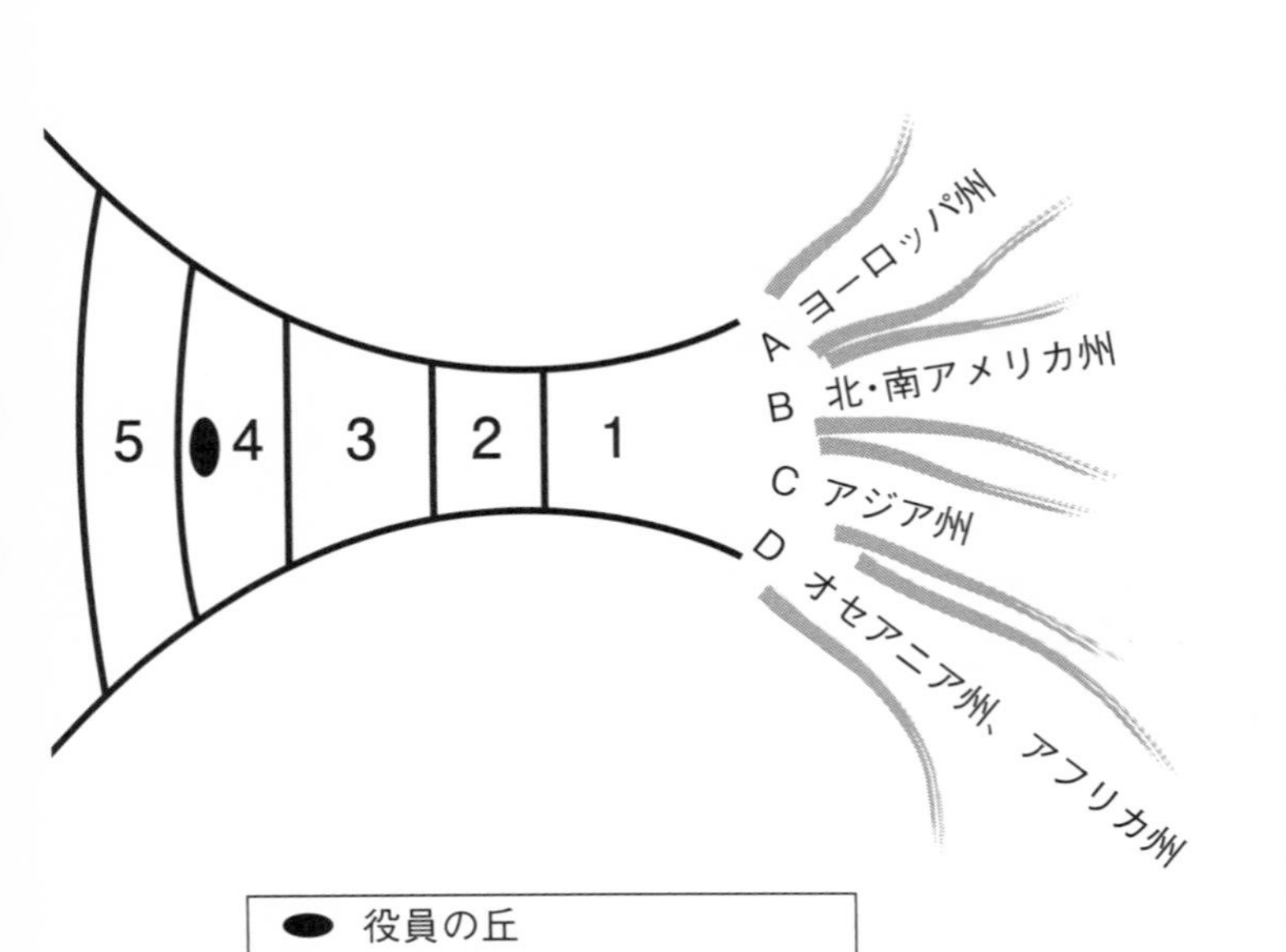

役員の丘
第一シミュレーション画面
第二シミュレーション画面
男女比率調整装置
特殊部隊
銀河本部につながる入り口

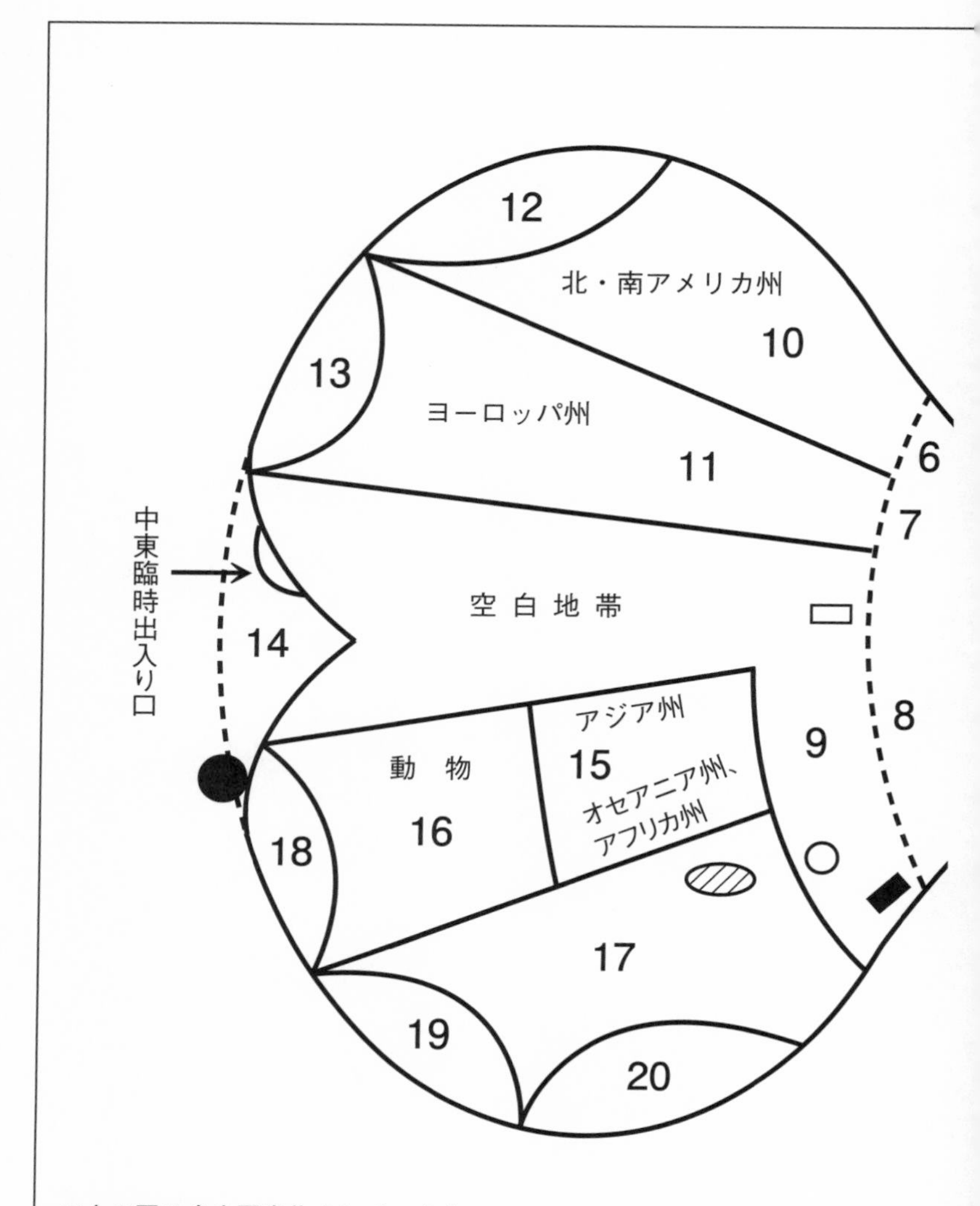

※上の図は多少図案化されています。

カバーデザイン　三瓶可南子
カバーイラスト　Ayumi
本文仮名書体　文麗仮名（キャップス）

第一章

宇宙意識体験
——地球圏から離脱した私の超越意識(光エネルギー)

宇宙意識とは何か

「宇宙意識」という言葉は、あまり聞き慣れない言葉かもしれませんが、それほど特殊な意識というわけではありません。将来的には宇宙意識を持つ人が増える可能性は高いと思われます。そういったことを考慮に入れて読み進めていただくために、宇宙意識についてご説明いたします。

『宇宙意識』の著者で精神科医のリチャード・モーリス・バックは、人間の持つ意識を三段階に分けて次のように説明しています。

一.「単純意識」

例えば高等動物によって所有されている意識。この意識の働きによって、犬も馬も、人間と同様に自分自身に関する事柄を感知します。また、自分自身の手足や体を感知し、これらが自分の一部であることを理解します。

二.「自己意識」

単純意識の上に、人間はもう一つ別の自己意識と呼ばれる意識を持っています。この意識の働きによって人間は、自分自身を世界のあらゆるものと違う別個の存在として知覚するようになります。また自己意識によって人間は、自分の精神状態を意識の対象として扱うことができるようになります。

三.「宇宙意識」

初めに書きましたように自己意識が単純意識の上方に位置するのと同様に、自己意識のはるか上方に位置します。

現在では宇宙意識に入るにはいくつかの要因がありますが、「何千世代も経過した後には、意識が進化して全人類に一般的に現れるようになる」と考えられています。

『宇宙意識』では、宇宙意識の特徴は次のように記されています。「知的啓示」の部分は多少引用が長くなりますが、これにより宇宙意識や啓示について、より理解を深めていただけるものであると思われます。

一．主観的な光

「突然、何の前触れも無く、自分自身が炎かバラ色の雲に埋め尽くされたような感覚、あるいはむしろ、おそらく精神そのものがそのような雲か霧に満たされたような感覚を持ちます。」

二．倫理観の高まり

「喜び、確かさ、勝利、救いの感激に浸ります。」

三．知的啓示

「筆舌に尽くしがたい知的啓示がもたらされます。閃光のように、その人の意識に、宇宙の意味と潮流の輪郭に関する明確な理解（ビジョン）がもたらされるのです。単に信じるようになるのではありません。自己意識的精神にとって死んだ物質で出来ているように見える宇宙が、実際には全くそうではないこと—生きた存在であること—を知り、理解するのです。人間が、生命を持たない物質の無限の海の中に散らばる、いわば生命の断片なのではなく、実際には生命の無限の大海に点在する相対的な死の断片であることを理解します。あらゆる生命が永遠であるように、人間の中に存在する生命が永遠であること、神がそうであるように、人間の魂が不死であることを理解します。宇宙は、間違いなくすべてのものが、個と全体の善のために協働して働くように作られ、秩序づけられていることを理解します。世界の基本的な原理が、我々が愛と呼ぶものであること、万人の幸福が長期的には絶対に確実であることを理解します。この経験を通過した人は、数分あるいは一瞬のうちにそれが勉学の場合の数カ月間、数年間よりも長く続くことを知り、どのような学問もかつて教えたことがなく、教えられないほど多くのことを学ぶでしょう。とりわけ、普通の自己意識に属し、そこから生まれるあらゆる概念、想像、推測を取るに足らないものにしてしまうような、唯一の全体、あるいは少なくとも一つの巨大な全体という理解を獲得し、宇宙とその意味を知的に理解しようとする試みをつまらないものにし、馬鹿げたものにさえしてしまうような理解を得ます。」

四．不死の感覚

五．死の恐怖の消滅

「生涯を通じて時に多くの人を悩ます死の恐怖が古いコートのようにはがれ落ちます。しかし、理性によってそうなるのではありません、単に消え去るのです。」

六．罪の意識の消滅

「罪から逃れるのではなく、逃れるような罪がこの世界に全く存在していないことを理解するのです。」

七．突然の瞬間的な覚醒

「この啓示が一瞬にして起こるということも、最も印象的な特徴の一つです。」

八．その人の以前の性格

「この新しい人生に入る前のその人の人格も、重要な要素です。」

九．啓示の年齢

平均すると三十五歳前後

十．人格に対する魅力の増大
「宇宙意識に到達した人の人格に魅力が加わるということも、常にこの場合の特徴だと考えられています。」

十一．実際に宇宙意識が現れているときの他の人から見てそれとわかるその人の特徴
「宇宙意識と共に、啓示を経験した人の外見に変化が起こるという十分な証拠があるように著者には思われます。」

バック自らもこのような宇宙意識体験をしましたが、「宇宙意識の世界を理解することは、自己意識的精神の限界を越えたものです。」（『宇宙意識』）という言葉にも表れているように、体験したことのない人にとっては理解しがたい内容でありますし、また体験した人もその内容を人に伝える場合、「自己意識に属する言語を使わざるを得なかったために、彼らの説明はあまりにも不完全であり、使われた言葉や成句は不適切なもので、極端な場合は誤解を与えるものでした。そのためこのような説明は、理解されなかったばかりか、限りなく多様な意味に誤解され、例えば、パウロ、モハメット、ダンテ、イエス、ゴータマ、ホイットマンその他の人たちによって与えられた基本的に同様の説明は、同じもので

はなく異なるものの様々な説明として解釈されてきました。」（『宇宙意識』）

キューブラー・ロス博士も宇宙意識体験をしていますが、それについて「宇宙意識や宇宙的な愛は、言葉では言い表せないのです。」（エリザベス・キューブラー・ロス『「死ぬ瞬間」と臨死体験』鈴木晶訳　読売新聞社）と説明しています。

宇宙意識体験自体は、なかなか理解しがたいかもしれませんが、体験によって知り得た内容は、人々が生きていくうえで、知っておく価値のあるものだと思われます。

個々人が、そこから善く生きるための何かを見いだすことができれば、幸いなのではないでしょうか。

わが子の死と特別な体験

私を宇宙意識体験に導いたもの、それは愛するわが子の死と、それまで身につけていた腹式呼吸と瞑想でした。

私は十代の終わりごろ、ご縁があり「天風会」というインドヨーガを中心とした精神の高揚を図る会に入会することになりました。仕事のかたわら講演会等に参加し、その後四、五年、天風会で勉強しました。その間にいろいろと学びましたが、日が経つにつれ仕事が多忙になり、遠のいていきました。

しかし、宇宙意識体験のきっかけとなる腹式呼吸と瞑想は、そこで身につき私の習慣となったのです。

毎晩、就寝前に一日の出来事を振り返って分析し、反省すべき点は反省し、良い点は繰り返すことのできるように念じて、明日の計画を練ります。その後、静かに腹式呼吸をして呼吸を整え、瞑想します。それに費やす時間は、およそ十五分程度でした。その後は、知らず知らずに爽やかな眠りにつくのでした。

私には、息子がおりましたが、生後一年四カ月と一週間の短い人生を終え、突然この世を去ってしまいました。

その日も私は、いつものように寝所に入って瞑想し、眠りについていました。妻は、長男である息子を先に寝かしつけた後、生後四カ月の長女をベッドに寝かせ、眠りについていたようです。別の布団で眠っていた長男は、寂しかったのか、仕事で疲れて寝ていた私と妻の間に入って来て、いつの間にか私に寄り添うように眠っていたのでした。

夜もふけ、午前一時にでもなっていたでしょうか。突然私の身に今までに経験したことのないことが起こりました。夢か、現実か、幻か、そのときの私には、この出来事を表現できる言葉は思い当たりませんでした。

まず初めに、俗に言うところの地獄を思わせるような光景を見たのでした。そのときのことは、決して忘れることのできない激しいものでした。それは、人類が傲慢（ごうまん）になり、地球が破滅するときはこういう結末を迎えるのではないかと思うほどの光景でした。

黄色い土砂や赤茶けた土が真横に飛び交い、地面は大きくえぐれていました。開発用の重機は、赤茶けて横転し、燃料を入れていたであろうドラム缶は、ゴロゴロと地面をたたきつけながら転がっていきます。全てのものを拒否し、葬（ほうむ）り去るような光景でした。

寝て夢を見ているといった感じは全くありませんでした。リアルに私は、切迫した状態の立場に立たされていたのでした。

なぜか人間は他に誰一人存在せず、私は河原に一人、雲が膝まで一面を覆（おお）う中で、ある程度の大きさの石を足場として立っているような感覚でした。しかし、それは非常に不安定で、体を少しでも動かそうとすると石がグラリと動くような状態だったのです。足元すら見ることのできない状態で、よりどころもなく、私は恐怖のあまり全身に力が入って硬くなっていました。天を仰ごうとすれば、不気味な黒い色をした雲が幾重にも幾重にも層をなして垂れ下がり、体に覆い被（かぶ）さらんばかりに湧き出て、地から天にいたるまで覆っているのでした。

失意の底にあったとき、私の目の前のそのような空に、針の先で突いたような小さな穴があき、そこから一条の光が差し込んできました。その穴に青い空が一点見えたとき、心がいくぶん和らいだのがわかりました。そして、その一点の青い空を祈る思いで見つめていました。

その後、寝ていたのか、はっきりとわかりませんが、幾時間か経っていたようでした。そして、二回目の体験をしたのです。先ほどが地獄であれば、今度は打って変わって、正反対の極楽とでもいえるようなものでした。

私は空中を漂うように浮かんでいて、下の様子を鳥瞰(ちょうかん)的に眺めていました。小高い山があり、その上には、信仰のシンボルとでもいえるお堂のような建物が建っていました。松の緑が色鮮やかな山には下道が数本あり、土の道は多くの人が通るためなのか粘土層がむき出しになっていて、鮮やかな茶色をしていました。道の脇には、美しい桜が満開に咲き乱れていました。それぞれのコントラストがはっきりとして、とても印象深いものでした。

私には、全てを見ることができました。見ているととても心地よく、心がうきうきとしていました。

すると突然、私の足元辺りから巨大な光の塊(かたまり)が渦となって巻き上がったかと思うと、すさまじい勢いでお堂の中へと吸い込まれるように突っ込んでいったのでした。いったい何が起こったのかと思うのと同時に私はその巨大な光の塊の渦に付いて、お堂の中へと瞬間移動していたのでした。

お堂の中には、木枠の窓越しにかすかな光が木漏(こも)れ日のように差し込んでいました。そして壁には、十枚ないし十二枚の額が、整然と掲げられていました。入り口から数えて七番目の額に、光の塊の渦は、すさまじい勢いのまま入っていったのでした。

このことが何を意味しているのかはわかりませんが、そのときの私は何か荘厳なものを感じ取っていました。普通の夢とは全く異なるものでした。一晩に地獄と極楽を見たというべきか、行ったような思いがするのでした。鮮明に脳裏に焼きつき、私はまた眠りに入ったのです。

早朝、妻は悲鳴にも似た声をあげて私を揺り起こしました。私は妻の激しさに驚き、ただ事ではないことを察知しました。午前五時を過ぎていました。妻は血相を変え、長男を揺り動かしたり、顔をさわったりして、私に長男の様子が変だと声をかけ、ただただうろたえていました。

私が見たものは、長男の異変でした。身体にはすでにいくつかの斑点が現れていました。救急車を呼ばなくてはと電話をかけました。胸の鼓動は高鳴り、電話がもどかしく思えました。何とか話が通じて、電話を切り、長男の胸に耳を当てました。耳には私の鼓動がガンガン響き、とても長男の鼓動を聞き取れる状態ではありませんでした。我が心に落ち着けと懸命に言って聞かせても、どうしても心臓の音は聞こえない。やはり、長男の心臓は止まってしまっているようでした。

私の頭の中は、何とかならないのかという思いでいっぱいになりました。そうだ、人工呼吸をすれば、心臓マッサージをすれば、生き返らせることができるのではないかと長男の口を開き、息を一定の間隔を取りながら吹き込んでみました。返ってきたのは、臭い匂いでした。うろたえる妻は、枕を持ったり布団を動かしたりしていました。

救急車を待つ間、私は電気のコードをはいで心臓に当て、電気ショックでも与えようかと思いましたが、効き目を疑い、結局は何もできず、現実には、長男の死がそこにあるという事実だけが、私に重くのしかかってきたのでした。つい何時間か前まで元気にしていた長男の死という現実を目の当たりにするだけでした。子どもの死を見つめるほど辛いことはありませんでした。

救急車で運ばれた病院に、大学の法医学教授が来て調べられたのですが、結局、見ただけではわからないとのことで、大学へ連れていかれ解剖することになりました。解剖の結果は、ＳＩＤＳ（乳幼児突然死症候群）と判断が下されました。

子どもが元気にしていたときには、この子に何かあれば、命に代えてでも守ることができると思っていたのに、実際には、なすすべなく何の力も出せない自分がもどかしく、苦しかったのでした。

私は、地獄にいるかのような思いでいたときが、長男が死を迎えたときではないだろうかと直感していました。それから数時間後に極楽のような光景の中、大きな光の塊が渦を巻いて入って行ったのは、いったい何だったのだろうか。長男との別れであったのでしょうか。

朝五時ごろの極楽のような光景は、大きな大きな心の支えとなっていました。あの強烈に脳裏に焼き付いた別世界が、そのときの私には、子どもが死んだという現実と同じほどのものであるように思われました。

私には、まだ全てが見えていなかったのです。しかし、このことがあってから、生きることの大切さがわかり始めたようでした。

何事もなく普通の生活をしているときは気がつかなかったけれど、人間は自分なりの光を肉体から出しているのだということに気がつきました。自分から出る光が弱くなると、今度は他の者が出している光やものの動きが語りかけてくることに気づくのでした。自分でも意識したことがなかったことを、子どもの死を通して初めて意識して気づいたことの多いこと、若い男が一人、自分で生きているということのほかは、何も知らなかったかのようにも思えました。自分で体験しなければわからないことだらけのようでした。普段の生活では意識することもなく、何事に対しても当たり前と思うおごりの心が、ものを見通す力を妨げているように思えました。子どもを亡くして窮地に立ち、人間とは何かを知ろうとするとき、目に見えないことの多さを知ったのでした。

一晩の出来事が全て夢であれば、どれほどうれしいことでしょうか。わずか六時間の間に起こった出来事が、私にとっては生涯忘れることができないものとなりました。

愛する長男の死、二回に及ぶ衝撃的な体験、これらは偶然ではなかったのです。長男の死が、私を特別な体験へと導く重要な要素となったのでした。その日から、何かがあるという思いが私をかきたてましたが、答えを見いだすことはありませんでした。

長男の死がどれほど重要な意味を持つのか、その後十年が過ぎて初めてわかることになるのでした。

霊魂彗星へ――開け放たれたチャクラの扉

私は、毎晩瞑想して眠りについていましたが、いつしか瞑想の中で、次のような習慣が身についていました。目を閉じると、腹から頭の先までの太くて大きな光を認識するようになっていたのです。その認識した光に沿って意識を上へ上へと上昇させていきました。そうすることによって、無我の境地に近づく感じがしました。毎日毎日繰り返しました。私の人生において、大事な『何か』を忘れているという強迫観念にも似た思いがあったからです。身につけた腹式呼吸を折あるごとに行っていました。

このころは、寝るとすぐに西の空に一点の穴があき、何か話しかけてくるような現象を何回となく体験していました。青く澄んだ空に、心が吸い込まれるような思いがしました。何となく不安でもあり、また楽しむ気持ちもありました。ひょっとしたら何かが起こるのではないかと期待すらしていました。

そして、あの特別な宇宙意識体験をする二、三カ月前から何か予兆めいたものを、かすかではありますが、感じ取るようになっていました。宗教人ではない私が、浄土とか大空に漂う何かを察するかのような感じ、それはまるで自然界の恵みといったものが、私の知り得ない何かを私に悟らせるために働きかけているようにさえ感じ取れたのです。瞑想していないときでも、私の人生が、新たな局面を迎えつつあるのではないかという思いがしていました。そのようなとき私は、眼を見張って天を見つめるのです。一見何もない大空にいったい何があるというのだろうか。それは、心耳（しんに）を澄まして空の声を聞くというような心境でもありました。そのような思いで日々を過ごしていました。

そして、私にとって、忘れようとしても忘れることのできない特別な日がやって来たのでした。

時は、一九七九年の秋、私の四十歳の誕生日を少し過ぎたある日の出来事です。

一日の仕事を終え、寝所に入り、いつもとなんら変わらぬ手順でその日の反省をして、明日の計画を立て、その後瞑想に移りました。

瞑想を始めるために静かに腹式呼吸をして、呼吸を整えたときのことです。瞑想の状態に入るや否や、いつもとは異なっていることを直感したのです。そのとき、明らかにいつもとは違う異変が起こったのでした。

瞑想の状態とは逸脱したことが生じていたのです。そのように感じた瞬間、現実を認識する意識が失われていくようでした。怖いくらいでした。軽く呼吸をしてみます。肩の力も抜いていました。まだ、寝たわけではない。このようなことがあってもよいものであろうかと訝る意識がはっきりとありましたが、その思いを払拭した瞬間にぐいぐいと無我の境地に引き込まれていったのです。心は空っぽになったような気がしました。完全に無我の状態に到達したであろうと思われましたが、実際には、それすらも超越していたのです。次の瞬間、想像だにしなかったことが起きたのです。

このことを説明するのにちょうどよい言葉を体験後に読んだ本の中で見つけだしました。それはチャクラのシステムです。これを使って、このときのことを説明することにいたします。

第一のチャクラ（脊椎の底部）から、まるでギヤでも入ったかのような小さな刺激と共にエネルギーが生じました。この時点ではまだ、何事が起きたのかという思いを意識の片隅で認める程度でした。

そしてそのまま体の中心部分に沿って直上し、第二のチャクラ（生殖器）でエネルギーは、何乗かに増大したのであります。これはただごとではないと感じていると、そのエネルギーが渦を巻きだしたのです。

なおも直上し、第三のチャクラ（臍（へそ））に到達するまでに私は身の危険を感じ、このままでは、命にかかわると判断していました。その間もエネルギーの勢いは乗に乗を重ね弾みがつき、第四のチャクラ（心臓）に到達したときには、すさまじく巨大なものとなっていました。

このとき私は、現在の状態がどのようになっているのかを確認する必要に迫られていました。ある種の防衛機制が働き、意識の片隅で五感を使って日常生活の確認をすることができれば、死に至ることはないだろうと思いました。今を正確に認識することが、必須でした。咄嗟に身体全体で最大限に五感の活用をはかり、中でも聴覚に意識を集中しました。耳で周囲の音を拾おうとしたのです。

私の住まい周辺は幹線に面し、一日中車の走る騒音が絶えることのない場所です。そこで、この車の走る音をいつものように聞くことができれば、現時点では身体を心配する必要はないと思いました。すると、確かに車の走る音が聞こえてきました。夢なんかであろうはずがないと思いました。通常と何ら変わったことはない。それを補うかのように嗅覚及び身体全体の感覚からもあいまって、安全を確認しました。安堵の胸をなでおろしたその瞬間、強烈な勢いで第四のチャクラ（心臓）、第五のチャクラ（喉）、第六のチャクラ（額）と烈々たるエネルギーは渦を巻いて、第七の王冠のチャクラ（頭頂部）に至るまでに急激に成長したのでした。勢いづいたエネルギーの渦は、私の頭上から天空に向かって飛び、光の帯をなしたのです。

私の意識は、光と共にありました。もちろん、天井あるいは瓦屋根をも突き抜けていったのですが、あまりの急激な変化の中、恐怖の状態で飛び立ったので、天井と瓦屋根を貫通したことに気がつかないほどでした。しかし、わずかに抵抗感があり、同時に天井裏や瓦の下の埃っぽさのようなものを感じ取っていました。

飛び立った後、少しの間は、状況の確認をする時間が許されました。なぜなら飛び立つときの強烈なエネルギーを、もはや意識することはなかったからでした。それよりも何かに引き寄せられているという思いが先にたちました。いずれにせよ短時間で事を済まさなければならないと本能的に感じていました。

よくよく周囲の状況を確認してみると、自宅の瓦屋根のわずか十メートル足らず上空にいるではありませんか。なぜ私がこのようなところにいるのかが理解できず、不安な気持ちでいました。しかし、そのような思いをよそに、私はやや北よりにさらに上空へと移り進んで行くのでした。

暗い暗い中、確かなものを求めていました。いったいどこへ行くのか。なぜかそのときは、遠くまで行くような思いがしていました。しかし、行きがあればおのずと帰ることが必要となります。そこで、帰ってくるために地形や建物を知り得る限り認識しておく必要がありました。したがって、経路の標識を確実に覚える思いから、今までに知り得ていない場所も新たに知識として確実に記憶にとどめたのです。

真夜中の暗い上空では、知り得ることが限られていました。下方を見渡すと、光の点在や微（かす）かにいくつかの建物といくつかの道筋が見えました。それを入念に追って、大阪市そのものの夜景を確認することができたのでした。道筋を一本一本確認することで、それは確信となりました。その状況下において、私の中に徐々にではありますが、成り行きに任せるしかないという一片のゆとりが出てきました。しかし、そうしている間にもひたすら北の方角へ向かって進んでいくのでした。

光と共にある私の意識は、なおも高度を上げながら進み、大阪の夜景は斜め下の後方に見えるようになりました。山を幾つか越えているうちに、やがて左側面には琵琶湖が、右側面には山脈が見え、そしていよいよ日本海が見えてきました。それでも私は、なおもまだ北の空へと進み行くのでした。日本海上空にさしかかるころ、急を要して引き寄せられている状態であると感じました。それでも周囲に気を配って意識していると、私以外にも何やら空中に存在する物体があるのを確認することができました。

地球での生活を終えた『霊体』に出会ったのでした。霊体とは、肉体は無であるが輪郭は擁(よう)していて、光背(こうはい)が頭上にある、俗に言う天使の輪のような光が頭上にあるような状態です。光の輪といっても、どちらかというと球状に近い光の塊といった感じです。

しかし、私とは、随分と様子が異なっていました。瞥見(べっけん)した程度ではありますが、幾人かの霊体同士が、何やら気のおけない仲間と楽しそうに語らっている様子がうかがえました。グループ単位で集まり、かなりの霊体が集結しているように思われました。

後で全てを知ることになるのですが、このときのグループというのは、後述する『霊魂彗星』において組織されたグループでした。各グループには一人ずつ『長老』がおり、グループのメンバーが人生を終えるのを待っています。長老は、皆を霊魂彗星に導く役割を担っているのです。

そのとき集まって何をしていたかというと、人生を終えた人間は霊体となり、各自のグループ単位で集まり、長老を中心にして人生を反省したり、振り返ったりして、次回の転生に向けて学習しようとしていたのでした。そうすることによって、霊魂彗星で心迷うことなく次の人生を選択できるようになるのでした。いわば勉強会といったところです。そして、そのための主だった集合場所に移動しているところだったのです。

集合場所というのは、例えば日本近辺であるなら北海道の南端上空辺りです。霊魂彗星が接近してきたときに入場しやすい場所が集合場所となり、世界中に何カ所かあります。

集まった霊体の中には、まだ生臭さが残っている人もいますが、おおむねは、霊体になって初めて同じグループの仲間を思い出し、なおかつ地球において自分自身が選んだ課題の人生に、グループの仲間と共に挑む旅であったことを思い出し、親しく挨拶を交わしたり、旧交を温めながら穏やかな空気に包まれていました。

私もその中に入り込んで行きたいような衝動に駆られましたが、そのようなことが許される速度ではありませんでした。幾人もの霊体は、あまり高度を上げずにゆっくりと北を目指して飛んでいました。ところが、私の速度はかなり速く、後で考えると結局は北極上空を目指して自宅から最短距離で飛ばされていたことになりました。したがって、鳥瞰(ちょうかん)的に下方を眺める余裕は一切なかったのでした。

いよいよ北海道の上空に差しかかったとき、速度と高度が急変して垂直に上昇を始めました。速度もすさまじいものとなっていました。このときの私は、もう二度と元に戻ることはないであろうと感じ、心寂しいものを感じていました。それは、孤独の極みでした。しかし、そのような思いにふける間もなく、強引とも思えるほどの吸引力で何かに引き寄せられていくのでした。恐怖心を少しでも和らげるために両手を自分の体に巻き付けるようにして、流れに任せるようにしました。地球のカーブが見え始めたころからは、行くところまで行こうと度胸のようなものすら生じてきました。なおも上昇し、周囲をかいま見ることすら不可能になり、地球がバスケットボール程度の大きさに見えるころ、ようやく移動しつつある物体『霊魂彗星』へとたどり着いたのでした。

第二章

霊魂彗星

——輪廻転生を可能にする霊体の重要な通過拠点

霊魂彗星の驚くべき機能と形態

引き戻されるようにしてたどり着いたのは、雲のようなところでした。この物体名を『霊魂彗星』としておきます。

私は、宇宙全体の営みを全て思い出したわけではありませんが、人間社会の真の構築に欠かすことができない法則を思い出しました。その中でも霊魂彗星の存在は、とても重要であります。

それではまず、霊魂彗星がどういったものなのか説明することにいたします。

霊魂彗星とは、死後の霊体が次の生を受けるまでに通過しなければならない彗星のような物体であります。一度に地球上の生物の霊体三十年分が入星し、個が死に至るまでの自らの生き方を省みて、恥じるところはなかったのか、今一度確認を取り、なおかつ来世の親と新たな人生の課題を決めます。いわば心臓のような重要な役割を果たしているのです。そしてそれらの生物は決められた順に地球上に送り出されるのです。

人間が宇宙に存在している限り、肉体の有無にかかわらず、宇宙の生命と秩序は霊魂彗星という拠点があればこそ、輪廻転生を可能にしているのです。

ちなみに人間の一回の輪廻転生は、通常百二十年です。これは、霊魂彗星では、四日間となります。なぜならここでの一日は、地球時間の三十年に値するからです。そして、人間の生は三日間の旅であり、地球上では、九十年の生涯と設定されているのです。残りの一日は、転生の準備をする期間となっています。もちろん中には、百二十年になる間際まで長生きしている人もいます。そういった人は、転生までの準備期間が短くなります。

その三日間の生涯をいかに生きるかということが重要なのです。

私の宇宙意識体験から、霊魂彗星とは、どのような形態で、どのような働きをして、なおかつここを通過する間、霊体の意識はどのような働きをするのかを冒頭P24～25の図表をもとにして、順次説き明かすと次のようになります。

なお、霊魂彗星の図には便宜上ラインを引いて、番号をつけてありますが、実際にはラインのようなものは一切引いてありません。加えて、霊体ではありますが、あえて人という表現をすることをお断りしておきます。

霊魂彗星は、乳白色でドライアイスが昇華しているような感じであります。しかし、現在はバリアのようなものがあって、存在確認が不可能な状態となっています。なぜなら今の社会レベルでの霊魂彗星の確認は、社会がパニックに陥る危険性が高いからであります。人間が生命の真の情報を得て、社会を向上させることができたなら、存在確認も可能となるはずです。

長男を亡くしたときの体験で見たような建物や山や木といったものは一切なく、多少の高低があるものの雲のような状態で一面覆(おお)われています。

形は、図に示していますが、丸みを帯びたイチョウの葉のようで、葉の柄にあたる細い部分が入り口になります。ただし、地球の大気圏に吸着したとき、霊体が降りて行きやすいように出口の方が多少張り出して、変形することがあります。

どういった動きをするのかというと、一定の軌道を回っていて、地球時間の三十年に一度、まず地球の北極側の大気圏擦れ擦れまで接近して来ます。接近する少し前に霊体を入場させ、一時的に地球の大気圏に吸着した状態となったときに、霊魂彗星を通過した霊体を地球に向かわせるのです。吸着状態になるのは、ちょうどユーラシア大陸上空辺りです。

そして一度に三十年分の人類と生物の霊体を通過させることになります。しかしながら、どのくらいの時間、地球の大気圏に吸着した状態でいたのかは、今の私にはわかりません。

その後、役員とスタッフだけを乗せた霊魂彗星は、地球を離れて、再び三十年後にやって来ることになります。

そこに、ジェネレーション（三十年）の意味が生じるのです。

ジェネレーションとは、「世代、時代、同じ世代に属する人々。本来は、親の地位を継いでから子に譲るまでの約三十年間をさすことば。」(『コンサイスカタカナ語辞典』三省堂)とありますが、これは、あながち偶然ではないのです。なぜならば、霊魂彗星の一日の切り替わりが生じているからです。もちろん転生するのは、人間のみではありません。それぞれの生物によって転生のサイクルが異なりますが、人間のサイクルに合わせているのが現状なのであります。例えば、馬は一日半(四十五年)のサイクルなので、人間に合わせると二日目(六十年)に霊魂彗星に向かうことになります。

宇宙意識体験で蘇った〝宇宙の法則〟の記憶

ここで霊体のエネルギーとグループについて、私が宇宙意識体験を通して思い出した重要な宇宙の法則を述べることにいたします。

◎霊体のエネルギーについて

霊体とは、肉体は無であるが輪郭は擁(よう)していて、光背(こうはい)が頭上にある、あるいは球状の光の塊が頭上にある状態であると前述しましたが、霊体の頭上に輝く光は、霊的なエネルギーを表しているのです。

(1)形状

大きさは、当人の頭よりもやや大きめです。形は、ほぼ球状をなしています。分散したり、したたり落ちるということはなく、形は安定していますが、固形ではないので、多少揺らいだりすることはあります。もちろん当人から離れるということはありません。

(2)存在場所

霊体の頭上約二十センチメートルのところに存在しています。

通常は、あまり目立たない存在ですが、霊魂彗星の裁判官の前を通過する辺りではグループの再編等があるため、個のエネルギーが顕著に現れます。

(3)強さ

強さは、千差万別ですが、いくつかのパターンに分類することができます。

例えば、手でしっかりと握ることができるサイズのろうそくに火をともすとします。その明るさが、一番弱い霊的エネルギーに近いものであります。

しかし、ろうそくでは明るさの強弱が表現し難いので、私なりに視覚的に捉えて、少し強引ではありますが、電球の明るさで表現してみます。

仮に先ほどの一番弱い霊的エネルギーを五ワットと定めます。これを基準にすると、ほぼ倍の明るさであろうと思われるものは、十ワットとなります。このように見ていくと、霊的エネルギーは、おおよそ五ワットクラス、十ワットクラス、二十ワットクラス、三十ワットクラスに分類されます。

例外として、地球に着地しようとするとき、その土地の環境が霊体にとって好条件であると、思わぬエネルギーの増量をもたらすことがあります。それは、五十ワットであったり、百ワットになることもあります。全世界的に見ると、その数は、無数です。エネルギーの強さは、肉体を持ったときどのように生きたかによって変化します。

(4)色彩

色は、人間の場合はおおよそ橙色（だいだいいろ）です。

霊的エネルギーの強さによって、万人が万人とも微妙に色彩の濃度に変化が生じています。濃い橙や薄い橙、また黄色に近い橙色、橙色から赤色、そして黒みがかった赤色等です。濃度が高くなることがすなわち、霊的エネルギーが強いということになります。色で言うと、黄色より橙色、橙色より赤色がよりエネルギーが強いのです。

私が覚えている中で一番霊的エネルギーが弱いのはシジミのような貝類で淡い紫色をしていました。

(5)透明度

エネルギーが強いほど密度は高くなり、透明度は低くなります。反対にエネルギーが弱いほど密度は低くなり、透明度は高くなります。

◎霊体のグループについて

人間以外の諸動物については、スタッフが管理しているので今はわかりませんが、人間の霊体はグループで行動しています。

グループ内は、互いに助け合いの心があり、慈愛にあふれています。霊魂彗星に入って出るまでは、グループの再編成はあるものの、だいたいは、グループで行動を共にします。ただし誕生と臨終は同時ではなく、また生誕地もさまざまです。そのためグループの中で先に死んだ人が霊体となって、同じグループで生きている人の残りの人生を応援する姿は、霊魂彗星でよく目にする光景です。

グループは、主に三十人、四十人、五十人単位で構成されています。

また、例外的にグループとは別に一人旅をする人がいます。自己をある程度確立している人で、社会の潤滑油として貢献したいという願望からその道を選ぶのです。エネルギーの強さは、平均レベルよりやや強いです。

宇宙の法則

一、霊的エネルギーの法則

人間の霊的エネルギーには、生まれつき格差があり、そこには深い意味が内在している（エネルギーの強さを仮にワットで表すこととする）。

霊的エネルギーの配分

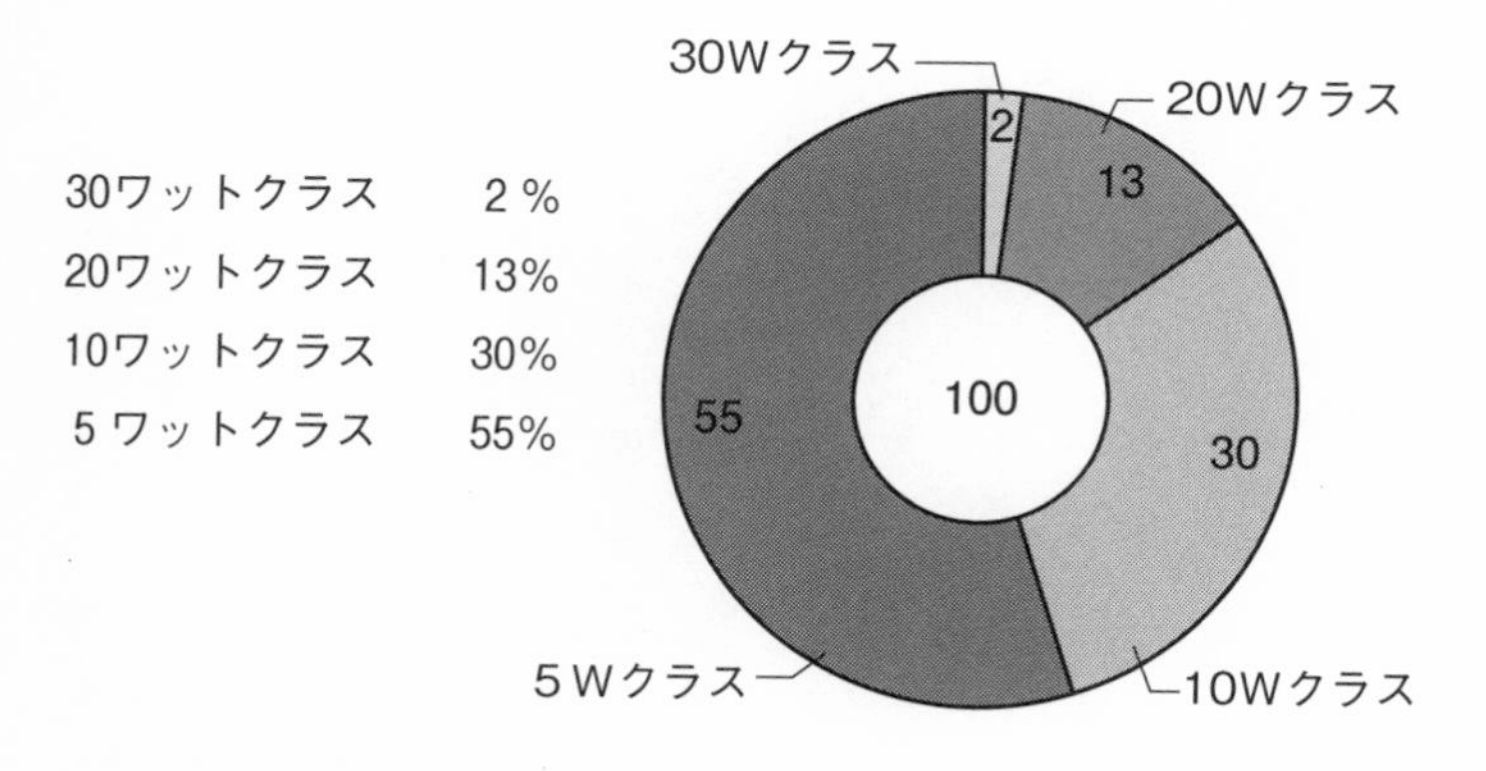

二、共存の法則

- 霊魂彗星では、30人・40人・50人のグループに分かれている。
- それぞれのグループは、法則一の霊的エネルギーの割合で構成されている。
- 共に助け合って生きていくようまとまって行動している。
- 番外的に一人旅をする人がいる。
- 一人旅を除いて、各グループに一人の割合で、地球に生まれたときに先天的な障がい者となる人が入る。

グループの個の霊的エネルギーに法則一のような格差があることによって、地球で互いに助け合い、一つの地域社会を構築しやすくしている。一つになることによって初めて、人間は平等であるといえるようになる。

よく見ると、なぜ三つのグループに分かれているのかがよくわかります。その中には、小さな社会を作るのにふさわしい力の配分がなされているのであります。

そして、重要なことは、各グループに一人の割合で障がい者が入ることです。一人旅の人は障がい者として生まれることはないのでそれを考慮すると、全体では二・五％弱の障がい者が地球上で先天的に存在するということになります。

各グループの霊的エネルギーは決まっていて、平均すると三十ワットクラスが全体の二％、二十ワットクラスが全体の一三％、十ワットクラスが全体の三〇％、五ワットクラスが全体の五五％となります。そうすると各グループのエネルギーの和を普通に考えた場合、五十人グループのエネルギーの和が一番強いことになります。ところがここで、どのグループのエネルギーの和もおおよそ強さが等しくなるよう調整されるのです。

クラスとあるように、例えば三十ワットクラスといっても、五十ワットに近い人もいれば、二十ワットに近い人もいるのです。そこで、三十人グループには、ワット数の大きめの人を組み入れ、全体のエネルギーを強くします。

そのため結局は、個の単位で見てみると三十人グループのエネルギーが一番強くなります。なぜそうする必要があるのか。その理由は、障がい者の存在にあります。なぜなら数の少ないグループは、少人数で障がい者と接することが多くなるために個のエネルギーを強めにしているのです。そうすることによって、全てのグループが、それぞれ同様に障がい者と助け合って生きていくことができるのです。

この仕事は、長老がグループ全体を見てまとめ、スタッフと相談しながら、最終的にはスタッフによって地域にばらつきがないように手が加えられます。

障がい者を選ぶ人々は、個と他を生かす核の存在

それでは、どういった人が障がい者となるのでしょうか。それは、前世の生き方が影響します。

前世において非常に人のために尽くし、自分の持っている愛を出すだけ出して生きた人が、障がいを持つことにより今度はその愛を受ける身になってみるのです。そうすることによって、自分の愛は間違ってなかったのだろうかということを確認する旅となり、それでもなお人に尽くせるものなのかという修行の旅になるのです。

また、人々の範となるべき人が、高慢な態度になっていたり、威張って何の価値もなくなっていたりすると、肉体のない状態になって初めて、人の心すら読めていなかったことに気づき、慚愧（ざんき）に堪えなくなるのです。例えば、熱心な宗教者の一部であったり、あるい

は先生と呼ばれる人たちの一部であったりします。そういう人たちは、今一度障がい者となって、人としてのなすべき愛を修得したいという思いから、自ら障がい者となることを申し出るのです。そうして、人々が自分に対してどのような態度をとるかによって、自分自身が弱者の立場から見えるものを見て、己に研（みが）きをかけているのです。

前者とはやや対照的に少し消極的ではありますが、前世の地球での生き方に疑問がある人、恥ずべき行為をした人は、自ら反省して二度と恥ずべき行為をしたくないと思うのです。そして、困難なことにあたってさまざまな経験を通じて、霊魂を研きたいという思いから障がい者となるのです。エネルギーの強さは、強い人もいれば弱い人もいて、さまざまです。

ですが、自殺者は、次の人生で障がい者を選択することはできません。なぜなら自殺者は、前世において人生で挫折してしまっているので、挫折を繰り返さないためにも、難易度の高い人生ではなく、やや低めではありますが、可能な限り平凡な人としての人生を選択して、生まれるのです。そうすることで、課題を成し遂げ己を成長させることにつなげます。

障がい者がグループに含まれることによって、お互いに助け合って生きていく必要性が生まれます。共に助け合うことによって、そこに愛が生まれ、生きがいを見いだすことができるのです。障がい者と共に生きてこそ、人間が人間らしく生きてゆけるのです。人間社会の原点の営みということになります。それゆえに個と他を生かす核のような存在であり、非常に重要な存在となるわけであります。

霊魂彗星の入星までにしておくべきこと

霊体は、霊魂彗星の三十年の周期が来るまでは、霊魂彗星を目指すのに都合のよい地球上の主だったところに各方面から集結します。目標とした課題を成し遂げた人もそうでない人もグループごとに分かれて集まり、長老が中心となって、死に至る今生を省みるのです。そこで同時に来世への勉強もしておきます。そうして、霊魂彗星が接近して来るそのときまでグループで行動を共にし、霊魂彗星が地球に近づいてくるのを待っているのです。

霊魂彗星が地球に近づいてくると、グループごとに一斉に霊魂彗星目指して、進み行きます。霊体が非常に多い状態で一定の方向を目指すと流れが生じて、『霊気流』とでも言いましょうか、一種の気流のような状態となります。川の流れのように少しずつの霊体が集まることによって徐々に多くなり、繰り返すうちに大河のごとくなるのでした。そして、最終的に霊魂彗星の入り口（A、B、C、D）に差しかかるときには、地球上の三十年分

死の霊気流

主だったところで勉強会に参集した後に、内陸部を横断して海沿いに北上し、霊魂彗星へ到達する。

▨ 霊魂彗星（左図の位置まで移動中）

生の霊気流

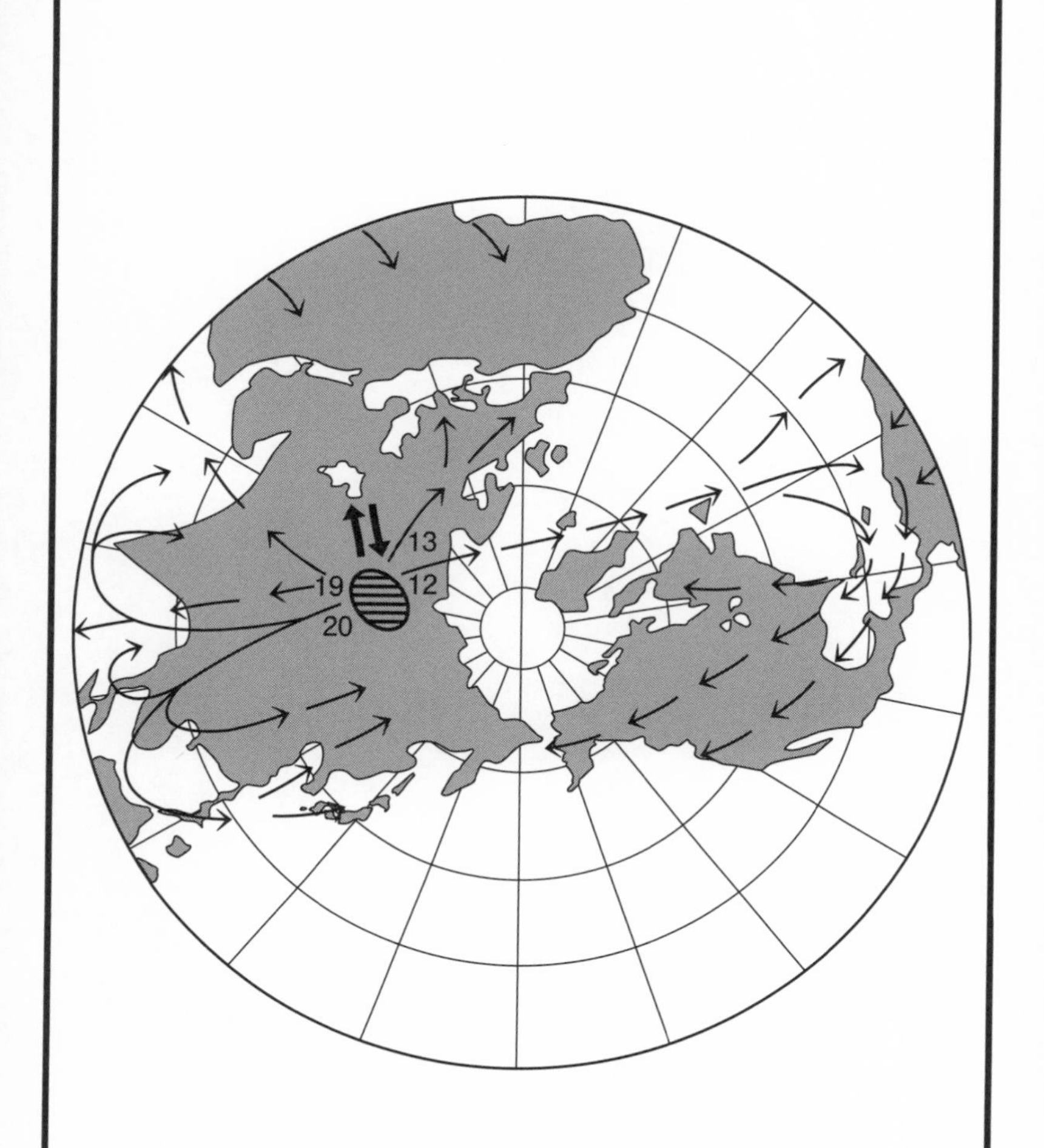

目的地を回り込むようにして一度大きく南下した後に北上して直下、または左右に分かれて目指すところに行く。

霊魂彗星（一時的に停まった状態）

中東だけは霊魂彗星の通常入り口を通らず、臨時出入り口より頻繁に出入りしている

の人々の霊体が四つの流れとなって、合図とともに同時に霊魂彗星の〈図1〉から入星します。地域別にその入り口も決まっています（霊魂彗星の図を参照）。

進入経路——各地域から霊魂彗星を目指して

A　ヨーロッパ州
グリーンランドを北上して、西から回り込むようにしてAに到達する。

B　北・南アメリカ州
北アメリカと南アメリカが一つの流れとなり、太平洋側の海岸沿いに北上して、北極圏に達しBの入り口に平行して到達する。

C　アジア州
日本の北海道上空を西に少しカーブを描くようにしてCに到達する。

D　オセアニア州、アフリカ州
オセアニア州とアフリカ州が一つの流れとなり、日本海側の海岸沿いに北上極圏を目指すように北上して、西にカーブを描くようにしてDに到達する。

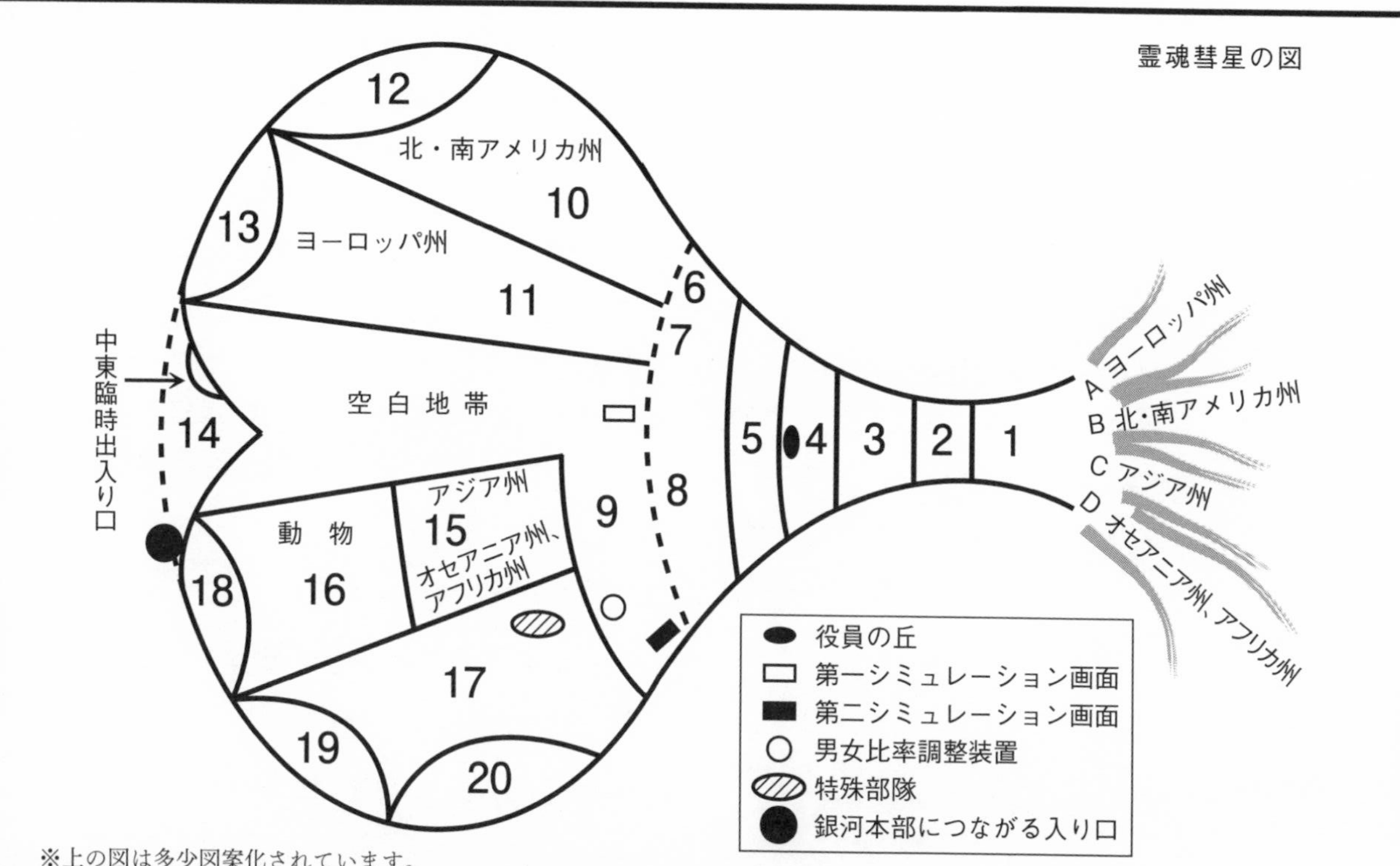
霊魂彗星の図
12
北・南アメリカ州
10
13
ヨーロッパ州
11
6
7
中東臨時出入り口
空白地帯
14
8
9
アジア州
15
オセアニア州、
アフリカ州
動物
16
18
17
19
20
5
4
3
2
1
A ヨーロッパ州
B 北・南アメリカ州
C アジア州
D オセアニア州、アフリカ州
役員の丘
第一シミュレーション画面
第二シミュレーション画面
男女比率調整装置
特殊部隊
銀河本部につながる入り口
※上の図は多少図案化されています。

【図説】霊魂彗星のメカニズム

◎〈図1〉霊体たちの入星場所

各方面から一日分（地球上の三十年）の霊体が入星します。三十人、四十人、五十人、一人者とグループに分かれて、整然と入って来ます。人々は、ここに至るまでにグループごとに集まり長老を中心に反省を促され、すでに覚醒（かくせい）しています。障がい者も健常者も皆全く同じ状態の霊体となっています。来世に向けて、人間としての理性、英知、霊知が充溢（じゅういつ）している状態で、人生の課題を念頭に抱いて、この場所に入ってきます。

例外的ではありますが、中にはこの場においても反省に至らず、生前の悪行をうそぶきながら強引に通過しようとする人もいます。同じグループの人々は、その様子に戸惑いを見せながら進み行きます。このようなときは、グループの頭に立つ長老が難渋するのです。

また一方では、かつて別れを惜しんだ人との出会いがあったり、再婚等で何人かのつながりがある男女が、一番愛する人と愛の確認を取る場面も見られます。それぞれが会えたことの喜びを表現している様子等が、数多く見られます。ただし、肉体が無の状態であるために隠し事は一切できません。少しも偽りのない心で、愛し合う者同士の真実の心がわかり得る瞬間でもあるのです。

言葉は、彗星語とでもいいますか、地球上の言語は必要ありません。国が違っても全く問題なく、通じ合えるのです。再び生まれ変わって、会う約束をする人もいます。そういった人たちは、喜んで転生先を教え合ったりして、話がはずんでいます。しかし、ここではいくら男女が愛し合っても抱擁する肉体がないので、ある意味においては、さみしいときでもあります。それゆえに地球に行くことが待ち望まれるわけでもあります。

◎〈図2〉生前の行為を映し出す大型画面の場所

入り口近くに生涯の出来事を瞬時に見ることのできる大型の画面があります。流れに沿って進みながら、少し上を見上げるとこの画面を目にすることができます。この大型画面に生前の行為が全て映し出されます。見たいという思いがあれば、個々の体験を目の当たりにすることができます。

しかし、ほとんどの人々にとっては、さほど注目に値しないものなのです。なぜなら、ほとんどの人々の意識は、過去ではなくすでに来世に向かっているからです。とはいえ、不都合な行いをした人の画面は、詳しく映し出されて、人々に慎重なまでに見られます。

世の中を騒がせた人にとっては、言い訳もできず、やむなく観念するときでもあります。肉体があれば、何とかごまかせたと思っていることも、この場所においては全てが映像としてさらけ出されるので、強引なまでにうそぶいても通用しないのです。要するに地球上の行いは、何一つ隠し立てできるものはないということになります。

同じグループの人々は、やはりそうであったのかという思いで見ています。そこで深く改心すれば、次は失敗しないように前回チャレンジした課題よりレベルを少し下げた人生設計を、自身が選ぶことが可能になります。霊体時には、向上心から霊的エネルギーの可能な範囲で高めの課題を選ぼうとするのですが、レベルを下げるといっても何も落胆する必要はなく、そこから課題を成し遂げるために向上心を持つことが大切なのです。

そして、一部の例外を除けば、ここを通過するころには、反省して覚醒した人たちが、恥じ入ることなく希望に燃えている状態となります。

◎〈図3〉生まれ変わりの地域を選択する場所

この場所も人々によって大河をなしていますが、地球のどの辺りに生まれるかという選択をするときであり、それによって流れにも多少の変化を及ぼします。

どの地域を目指して行くかを選択するとき、オセアニア州、特にオーストラリアに行くことを希望する人が、かなりの数に達します。ところが、生まれ出た体験者が少ないことと霊魂彗星からは視界に入らないということが原因で、いざとなると不安を抱き躊躇（ちゅうちょ）する人が多いのです。そういった理由もありオーストラリアの人口は、今のところはやや少なめなのです。

今後の地球全体の人口や資源などのバランスを考えると、霊魂彗星が地球に近づくポジションが南下する可能性もあります。そうなると、地球の人口のバランスに変化があるかもしれません。霊魂彗星から地球を見るとき、国境もなく国という認識は持たないのですが、しいて言えば他の国々においては、人々は繰り返し転生しているので、いろいろなことを読み取ることができて、何も不安を抱く必要なく転生しています。

もちろん、どの辺りに生まれるかということは、個人が自由に選択することができます。しかしながらほとんどは、流れに沿うかたちとなります。大多数の人々は、さまざまな要因によって大胆な行動に移ることを避けるようです。その要因とは、次に記すようなものです。

(1)三十人、四十人、五十人とすでに構成されている三つのグループの一員であるため。霊的エネルギーは、グループ全体のバランスを考えて、三つのグループにおおむね等しく配分されているから。

(2)生前の絆、子ども、縁故、そしてそれぞれの地球上における今の生活を知り得ているため。

(3)後述しますが霊体も三世代に分かれているので、自分と異なる世代（地域）のグループに属することは、微妙に生活の変化が生じるため。

このことを踏まえながら人々は、選択するのです。このときの長老の存在は大きく、大いに活躍する場面でもあります。長老は、個別に意思の疎通を図り、それぞれの選択が適しているか否かを話し合います。その上で、前世と違う地域に生まれたいと願うものは、そちらの流れに合流するのです。

霊体にも年齢がある

前述したように霊体にも年齢があります。死を迎えたときの年齢ではなく、霊魂彗星時における真の年齢です。年老いて死を迎えても、死後霊魂彗星に入星するときには真の年齢に戻っています。それは、六大州の地域によって偏りがあります。人種や民族によって、多少ものの考え方に違いがあるのは、この霊体の歳の差も関係しているかもしれません。その年代でないと思いつかないことがあったり、できなかったりすることもあります。なぜ、そうなっているのかは、今は思い出すことができません。しかし、地域別の霊体の年齢は、覚えています。

私が担当していたアジア州、オセアニア州、アフリカ州方面は、二十歳から三十歳くらいで青年期の霊体です。霊魂彗星において霊体は絶対善でありますが、あえて能動的立場から見ると多少生意気な部分が鼻につきます。少々影響を受けやすく、それによって一方向に流れる危険性がありますが、若さに燃えていて青年期でないとできないことがたくさんあることがわかります。

この三州の一部の地域には、三、四歳くらいの生まれて間もない幼児期の霊体が含まれています。これから多くのことを学ぶ年代といえます。希望に満ちていて、輝いているので、大事に育てる必要性があります。

北・南アメリカ州、ヨーロッパ州方面は、三十歳から四十歳くらいで中年期ですが、アメリカは、四十歳くらいの霊体が大半を占めています。経験を踏まえて、霊的な部分が発達し、落ち着きを見せていますが、やや気短なところもあります。

ここで注意しておかなければならないことは、年齢といっても、地球上で肉体を伴った場合と違うということです。地球上の一年とは違い、はるかに長い年月を重ねています。

また三、四歳といっても見た目が子どもの容姿というわけでなく、生まれてからの時間が浅い新しい霊体ということになります。

地球上には、以上のような幼児期、青年期、中年期の三世代がかかわりあって生きているのです。

◎〈図4〉役員が霊体の最終チェックをする場所

ここに入るころには、おおむねの人々は落ち着いてきています。中央で〈図5〉寄りの場所が小高い丘のようになっていて、役員の丘と呼ばれています。ここは、役員が会議を行う場所で、霊体の最終チェックを行うところです。

霊魂彗星の役員（裁判官）は総勢五名

ここでいう役員とは、宇宙生命の秩序を守る役割を果たしていて、総勢五名です。

私は、その中の一人だったのです。

私たちにも先輩、後輩という観念があり、役を引き受けた順に上から先輩ということになっています。エネルギーの大きさは、ほぼ等しく十億ワットくらいで、形はそれぞれ違いがあります。その中において、私は上から二番目の者となっていました。一番上の先輩は、宇宙全体を構成している組織にあっては、行政機関で言うところの課長級にあたります。後の四人は、係長級にあたります。

一般の霊体のエネルギーについては、前述していますが、ここで役員のエネルギー（光）について説明しておきます。

宇宙意識体験を叙述する上で、欠くことができないのが光の存在です。よく筆舌に尽くしがたいものであると形容されています。この光は、宗教はもとより臨死体験の実証的な研究でも必ずといっていいほど取り上げられているものなのです。

生命の本質であると言える光の実態とは、何か。

生きとし生けるものは、転生する際に課題を設定します。そして、その課題を成し遂げようと努力します。努力することによって、生み出された霊的エネルギーの一部は、宇宙のために蓄積されます。五人の役員のもとに集積され、役員の後光として付帯するのです。

役員一人につき、約十億ワットの霊的エネルギーを付帯しています。これを人間の霊的エネルギーに直すと約一億人分に匹敵します。もしこの超巨大エネルギーをもってして、なんらかの事にあたって、粉々に光と散った場合、新たな人間の魂が一億人誕生することができるのです。

なぜ、役員にそのようなエネルギーが付帯する必要があるのか。次に理由を述べることにいたします。

役員の霊的エネルギーの役割

(1)突発的な危機に対処する。

地球は、宇宙のオアシスですが、必ずしも安全であるとは、言い切れません。例えば、地球に隕石(いんせき)や小惑星が激突する可能性が生じた場合は、いつでも光をもって対処できるように備えておかなければなりません。

(2)役員の仕事をスムーズにこなすことができる。

人々が尊敬の念を抱くような威光を放つことによって、物事がスムーズにはかどる。

(3)超巨大な霊的エネルギーを後光としているときには、全てのことを把握できる。

全てを把握することによって、判断時に迷いを生じることが皆無となります。

五人それぞれ後光の形状は異なっています。それは、ちょうど炎にも似ています。炎心のように身の回りに光り輝く形状。内炎のように身の回りからは少し離れますが、確認が容易である形状。外炎のように離れていて、人々には容易に確認することが困難である形状。そして全てにおいて輝いている形状。いずれもエネルギーは、等しいものであります。

おそらく、事と次第によって光が一人分では対処できないようなことが起きたときに光を合わせやすいようにこのような形状になっているものだと思われます。光が輝いている面積は、およそ一キロ四方であります。

霊的なエネルギーの光は、五人の役員だけでなく生きとし生ける者全てが発しています。光には強弱があり、生物によって色彩も異なります。そのことは、霊魂彗星においては、はっきりと確認することができるのです。

宇宙の安定した繁栄を促すためには、生物全ての魂の成長が期待され、また必要であります。個人が課題を果たそうと努力することは、結果として宇宙の繁栄に大きく貢献していることになるのです。

私たち五人に近づいて来て、巨大エネルギーの存在を知ると、ヨーロッパ系の人は、大王様と呼び、アジア系の人は、神様と呼ぶのでした。しかし、そのたびに強く否定しました。巨大エネルギーは、五人の役員が努力し、頑張って巨大にしたものではなく、生き物全ての努力の結晶なのであります。それを先人に選ばれて、便宜上、役についている間に用いているだけのことなのです。役から外れることもあり、そうなるとそのエネルギーは後任の人に受け渡さなければならないのです。

地球に小惑星などが接近してその存続が危うくなりそうなときなどには、このエネルギーと共に小惑星などに激突して、地球を危機から守ります。そうすることによって、粉々に光と散った場合、細かくなった光のエネルギーは、また新たなる生命の源となるのです。
それを人間のエネルギーに直すと、約一億人分の魂の誕生ということになります。
私たちの中のそのとき最もふさわしい人物が身を挺して事にあたるのですが、その結果、光と共に事にあたった役員の個の霊体は、完全に宇宙から消えてしまいます。一人の役員が、跡形もなく消えるのです。霊体ではあってもそうなることは恐怖であり、また寂しくもあります。そうして欠員が出ると、また別の者が新たに役員となるのです。しかしながら、もしそうなったとしても、地球を救い、億の生命が誕生するのであるから仕事を全うしたことになると自分に言い聞かせ、納得して覚悟の上で、仕事をしているのです。

役員の仕事は四部門から構成される

役員の仕事の内容は、大きく分けると四部門から構成されています。

(1)裁判官としての仕事

裁判官といっても、地球の裁判官とはニュアンスが異なり、裁くというより見守るといった要素が大きいです。

霊体が転生する前の最終チェックを行います。

何億人かに一人の割合で、立ち直りを見せない人が存在します。その人は、グループから外し、裁判官（役員）が手にしている如意棒（にょいぼう）のようなものでエネルギーをいくつかに分けて、他の生物に転換します。

⑵霊魂彗星の巡回

巡回をして、人間のみならず諸動物やアサリ、シジミの類（たぐ）いまで、あらゆる生物の流れを見ながら、不平不満などがないか、また生きがい等をどう感じているかを見聞きし、コミュニケーションを図ります。

⑶急成長したエネルギーの調整

霊体が地球に降り立ったとき、その土地の環境条件が良いと霊的エネルギーが急成長することがあります。五十ワット、百ワット程度ならそのままにされます。ごくまれに一キロワット級に成長することもあります。その場合、あまりに大きなエネルギーの持ち主は、人々に多大な影響を及ぼすので、地球全体のバランスを考えて再配置することもあります。

⑷地球の安全確保

未来シミュレーションで先を読み、小惑星衝突などの緊急時には、地球の安全策を講じます。

新しい人生に向かう意識の準備をしつつ、ここ〈図4〉を通過すると、前世で犯した罪が、全てにおいて清算されたことになるのです。大多数の人々は、十分に過去は解決済みです。そして、法則に基づいて、新たにグループ編成されるのです。

◎〈図5〉新しい課題と人生を最終的に選択する場所

新たなグループが再編され落ち着いたことにより、ここから先、今までグループをリードしていた長老の仕事は、グループ全体の様子を見る程度にとどまります。それに替わって女性スタッフが大いに活躍します。

役員の補佐役となる女性スタッフ

女性スタッフは、役員の補佐役として、役員一人につき五十人配属されていて、計二百五十人存在します。仕事内容は、次のようなものです。

(1)人々を所定の位置に集合させるため誘導する。
(2)未来に対する不安や多様な質問にアドバイスを与える。
(3)一度に三十年分の霊体を送り出すので、誕生の順位をあらかじめ決めておく。

これは、スタッフの仕事の中でも特に重要な部分をなしています。

(4)人間のみならず生きとし生ける者全てを見ている。

女性スタッフは、霊魂彗星から地球へ地球上の生命体三十年分の霊体をスムーズに送り出すための重要な役割を担っています。

霊体が入星すると、それぞれの持ち場につき、各自その場において適切に判断して対処します。そのために女性スタッフは、百ワットくらいのエネルギーを持ち合わせています。

多くのグループに付き添い率先して働き、あらゆる面で助言あるいは教え諭し、グループをまとめなければなりません。そうすることにより、流れに沿うように順次物事が運ばれます。

〈図5〉に入って来ると、霊体は過去の課題の清算をすっかり済ませ、役員の丘のすぐそばを通り過ぎたこともあり、少しリラックスした雰囲気に包まれています。それと同時に夢であった未来が現実的なものへと変化するのです。このとき、自らがふさわしいと思う新しい課題と人生を最終的に選択します。

おおむねの人は、個の計画を立てることに追われているときです。そのような中では霊体同士で恋などする暇がないように思われますが、愛が芽生えることがあるのです。

しかしながら、前述のように、霊体となって唯一悲しいことは、愛を受け止める肉体がないことなのです。霊体同士が抱き合っても何の変化も得ることがなく、寂しさを感じる瞬間でもあります。それゆえ、地球上で愛を実らせることを願って、共に生きる約束を交わしたり、転生地について話し合ったりすることが盛んに行われています。そういったことも次の人生を決める要因となり得るのです。

肉体は牢獄（ろうごく）とか窮屈（きゅうくつ）で嫌なものと表現されることがありますが、実は、産道から生まれる恐怖はあるものの、出生してしまえば、これほど実りあるものはないのです。

ここでは、修行をしたい人が、各グループに一人の割合で、先天的障がい者になることを申し出ます。このとき、障がい者の親となる人を選ぶのが一番大変なのです。

親となるのにふさわしい人というのは、耐えることができる人、包容力のある人、自分の存在価値を認めてくれて、自分を研くことを可能としてくれる人であります。

しかしそれとは対照的に利己的な人、あるいは、いまだ愛を知らない人が選ばれることもあります。なぜなら、そういった人が親となり障がい者を育てることによって、今一度の苦しみの中から自己に目覚め、人間としての成長を促すことを目的としているのです。

「もし私たちがつらい人生を耐え忍ばなければならないとしてもかならずしも前世で悪いことをしたためとはかぎらない。一定の試練をうけて将来の仕事やりっぱな業績に備えているかもしれないのだ。」（『輪廻転生』）

グループの他の人も親を選び、生き方を決めるときです。生きがいを模索し、他との釣り合いはどうであろうかと、人の意識が気になるときでもあります。

親族を繰り返し選ぶ人も、けっこう多くいます。そうすると三代、四代でひと廻りすることになります。生涯をかけてやってきたことの心残りでありましょうか。子どもが仕事をしている様子を見て、放っておけないと、そこに行き先を決める人も多いのです。

また血のつながりよりも、それとなしに近所を選ぶ人、つまりつかず離れずの関係を選ぶ人もいます。

霊魂彗星において意気投合する相手と出会い、結婚を前提に生まれる場所、親を選ぶこともあります。

好きなあまり兄妹という例もあります。逆に兄妹が、次は結婚できるようにと親を選ぶこともあります。

自分のしたいことがスムーズにできるように親を選ぶこともあります。

自分が生まれることによって親を助ける場合もあります。例えば、両親の仲を取り持つ役目を果たす場合等です。

また、親の成長を促す場合もあります。

地球上で夫婦があまりにも仲良く暮らしている様子を見て、入り込む隙がなく、子どもになることを躊躇（ちゅうちょ）する場面も見受けられます。

このように親の選び方も人によって千差万別です。

一部ではありますが、熟慮はしたものの実際に未来を目にしたいという人もいます。

〈図5〉の両サイドからは、地球上の出来事を未来も含め見ることができるので、そういう人は、確認しています。とはいえ、ここで見えるものは部分的なもので、自分の誕生すべき土地、親などを選ぶために必要な情報のみを各人が確認することがほとんどです。見えている場面は、各人違います。特に親となる人の現在の営みを見る必要はないので、見ずに過ぎる人もいます。個々にもよりますが、迷いや不安が生じた人などは、確認の意味において自分の人生のストーリーをある程度見て、人生の予測を立てることが可能です。親となる人、あるいは自分の存在価値が生じるであろうかとか、それぞれの人々の価値観が適しているかとか、親の助けとなるのか、助けられるのか、共に育つのかなど再び熟慮して、決断するのです。そうしてはるか彼方（かなた）をうかがうように見て、親となる人を選びます。そうすることで、人生に確信を持てるようになります。

かいま見た情景は、霊在意識（霊魂彗星時の意識、広くは肉体を持たないときの意識）が認識しています。そのために誕生後、初めて訪れた場所なのにすでに来たことがあるような感じがしたり、経験したことがないのにしたことがあるように感じたりと、いわゆるデジャビュとなることがあるかもしれません。

親になる人の生活態度は、うかがい知ることができるので、課題を持った個々はそれにふさわしい人たちを選び、子どもとなります。

親と子というのは、霊在意識下にあっては、イニシアチブは子どもにあることになります。なぜなら、親は子を選ぶことができません。それに比べて、子となる者が親を選ぶという行為は、輪廻転生の中に設定されているからです。

「慎重に選ぶか無計画に選ぶかの差はあっても、この世の環境を選ぶのは私たち自身である。」（『輪廻転生』）

親選びで、その人の一生の半分は決まると言ってよいほど大事な瞬間です。人生の設計を立てるときは、大勢の他人が見ている状況でもあり、また自分自身があからさまになっていて、他の人々にも全てをさらけ出している状態です。自分を飾ることもできないのです。また飾る必要もないのです。

このとき、人生の設計は、やや上の目標を設定します。そうすることによって自分を向上させる目的があります。霊魂彗星では、少しくらい上を目指すことは、共に助け合って生きていけば、たやすいことで、それほど苦労するなどとは思わないのです。しかし、肉体を伴ってみると、人間はいまだに本来の生き方をしていないために、なかなか難しいものとなるのです。

皆が人生設計をしているときではありますが、この辺りでは、人々が一時的に開放的になっているため、両サイドから地球上の霊媒師などに答えている人が意外に多くいます。問いかけに対して、放っておいてもよさそうなものを、縁故の人や気のよい人が、こちらの様子を伝えたりしているのです。

親を選ぶことをまだ決めかねている人々がいます。そういった人々が〈図5〉の両サイドで一堂に会するとき、話はとても弾んでいます。個の霊的エネルギーに相応している人生を選んでいるかどうか、他の霊体に確認を取ったりもしています。自分が選んだ人生は間違いのないものか、自分に適しているのかを相互に評価をしあうのです。

人は、ほめられるとうれしいものです。自己の存在理由が認められるということは、このときに自分が霊魂彗星で慎重に選択した人生設計が間違いなかった証（あか）しとなり得るので、無意識に喜びを感じるのではないでしょうか。そう考えると、特に親が子どもをほめることは、その人間にとって、大切なことになります。人は、ほめられることによって、成長するのです。

人々はここへ来てもなお、グループの法則に従い、地球上での生活の営みにおいて、仲良く共に助け合おうと約束するのでした。

しかし実際に誕生してみると、法則やそのような約束を思い出すことはできないのです。その上、地表に霊在意識を狂わす素因があるために、場所によっては、初めからそこに生まれると苦悩するであろうということを読みとることができる場所が存在します。

それでもあえて挑む人もいます。それらの人たちに思いを馳せて見ていると、そこには切っても切れない不可分とでも言える内輪意識が働いて、つながりを求めている傾向が見られます。なおも不利な条件が重なるにつれて、ますますそれらの傾向が顕著に出るのです。なぜそのようになるのかというと、自分が存在することによって、不利なものを少しでも向上させることができればよいという思いがあるからなのです。

それぞれがさまざまな思いを抱き、熟慮した結果、新たな人生を選択するのであります。

◎〈図6・7・8以降〉生まれる地域別に霊体が分かれてゆく

〈図6〉〈図7〉〈図8〉のところに来ると、生まれる地域別に霊体が分かれて進み始めます。〈図6〉は、北・南アメリカ州方面で〈図6〉→〈図10〉→〈図12〉と進んで、そこから地球に向かって降りて行きます。〈図7〉は、ヨーロッパ州方面で〈図7〉→〈図11〉→〈図13〉と進んで、地球へ向かって降りて行きます。

この地域は、私の担当外となっているため、詳しく書き記すことを省きますが、生まれるまでの過程は、どの地域を目指してもほぼ等しいものであります。

〈図8〉は、アジア州、オセアニア州、アフリカ州方面です。この地域は、私の担当でしたので詳しく述べることにいたします。

〈図8〉をスムーズに通り過ぎ、〈図9〉の辺りから〈図15〉〈図16〉にかけて、霊的エネルギーの全ての存在を知る女性スタッフ百二十人が、諸動物と人間の霊体を、グループのエネルギーなどを勘案しつつ、再編等の最終調整を行い、誘導します。しかし、それにはある程度時間的な余裕を持たせています。なぜなら、地球上で九十歳を越えて長生きしている人がいれば、同じグループの人は、〈図6〉〈図8〉のサイドにおいて、流れの支障にならないようにその人を待つことになるからです。そのとき、霊魂彗星で待っている人々は、地球上で長生きしている人の姿をそこから見て、少しでも長く生きるようにと声援しているのです。

その他の人々は、向上心を伴い、意欲に満ちあふれている状態となっています。そうこうしながら集結した霊体は、女性スタッフのもと、三十年間にわたる生まれる順序を決めていくのです。

〈図15〉は三州の人間、〈図16〉には諸動物が集まります。諸動物といっても、人間以外の全ての動物というわけではなく、人間の転生周期に合ったものが入星してきます。

ここでは、諸動物といえども意思の疎通が可能であり、役員やスタッフに対して希望を述べる者もいます。

それぞれがスタッフとの意見交換も激しく、緊張する場面でもあります。しかし、人間の場合は、だいたいグループの長老によって、事がスムーズに進められています。

〈図15〉に集まった人々は、誕生が決まるとスタッフの誘導により〈図17〉を最短距離で通って、オセアニア州、アフリカ州方面が〈図19〉へ、アジア州方面が〈図20〉へと向かいます。このとき、すでに霊魂彗星は地球に接近して大気圏に吸着状態なので、霊体は地球での生まれるべき場所を目指してそこから飛び出していきます。

〈図16〉の諸動物は、〈図18〉から同じように地球を目指します。

〈図17〉には、小高い丘に囲まれたような人目につきにくい場所があります。そこは特別な場所で、百二十以上の霊体が集まって、霊的エネルギーについて研究しています。ある程度大きなエネルギーを持つこの集団は、肉体を持たずに霊体の状態でエネルギーを増量することができないかという研究など、霊的エネルギーのあらゆる可能性の研究に励んでいるのです。

〈図9〉には、霊魂彗星の装置が集中しています。未来を映し出すシミュレーションの画面が二台と男女の比率を調整することができる反応釜とでもいうようなものが一台置かれています。その他は、広場のような状態になっています。それに続いて中央付近に空白地帯があり、ここは、一般の人が通ることはなく、予備的な空間となっています。

今回は、銀河本部からの使者が来星され、ここで接待することになりました。今この場所は、十人のスタッフによって速やかに銀河の本部長が静養できる場所として準備されています。

〈図14〉は〈図16〉の諸動物に属さない、もっとエネルギーの小さな小生物で、シジミに至る貝類などの霊体が、霊魂彗星の入り口からは入らず、〈図14〉のところで地球と行ったり来たり転生を繰り返しています。エネルギーの色は、薄紫色で、おびただしい数の霊体ですが、エネルギーが小さいためか、もやっている感じです。

私が霊魂彗星にいるときは、その表情を読み取ったり意見を聞くこともできるのでした。〈図14〉の端の一部において、人間の霊体が本来通るべき入り口を通らずに直接折り返すことができる場所があります。ここは、中東の人々が頻繁に死を迎えるため、臨時で人間の転生が自由にできるように開放しているのです。

中東の人々は国を改善しようと努力していますが死に至ってしまい、生まれてきた目的を知ると、自分の人生とのギャップを感じ、泡を食って霊魂彗星に戻って来ます。そして我に返って、またすぐに地球に戻らなければならないと急行するのです。地球上のその場所ですぐ転生することが可能な人も、霊魂彗星に戻ることにより、今の自分の人生の確認と次に生まれるべき場所の確認ができます。ただしそれができるのは、霊魂彗星が地球に接近しているときだけです。

〈図18〉の〈図14〉寄りの隅に雲の塊のようなところがあり、トンネルのような穴があいています。グレーが混じった乳白色に光った帯状のトンネルは、銀河の本部に導く入り口となっています。魂が長い旅にも耐えられるよう保護し、エネルギーが衰退しないようになされたものが接続されているのでした。地球に転生することを望まない人は、一塊となって行動し、ここを通って本部へ行きます。

〈図6〉〈図7〉〈図8〉の通過ラインを越えると霊体に変化が生じています。ラインといっても線が引いてあるわけではなく、目にすることはできません。霊体自身もその変化に気がつくことは、まずありません。どのように変化するのか――それは、肉体を持ったときに死に対しての恐怖心が備わるようになるのです。そして同時に生きることへの執着心が湧いてくるのです。そうなることによって、安易に死を選ぶことなく生きるようになります。もし、安全弁とでも言うべきこの死に対するブレーキがなく生まれれば、苦しいことがあればすぐに死ねばよいと思うようになるかもしれません。自分の選んだ人生の課題を誰も成し遂げることができなくなるかもしれないのです。それでは生まれてくる意味がなくなってしまいます。人々との和を尊び、自らの課題を成し遂げようとするところに努力が生じて、生物が生きる目的であるところの霊的エネルギーを増量させることができるのです。自らの課題を放棄し、安易に死んではならないのです。もちろんそれだけが、生きる目的ではありませんが、霊的エネルギーの増量は、不安定な宇宙にあっては、生命体の維持を図るとき必要不可欠なのであります。エネルギーを増量させることは、人間の生きがいにつながります。ゆえに、このラインを越えると生じる変化は、非常に重要なことなのです。

死者（霊体）がたどるさまざまな道（サイクル）

通常、人が死を迎えると、霊魂彗星に戻るまでの間は、地球上の主だった場所で長老とグループの仲間と共に人生を振り返り、反省したり、自分の在り方を見つめ直したりと未来に向けて勉強会のようなことを済ませ、三日間（九十年）のサイクルで霊魂彗星に戻ります。しかし、全ての霊体が三日間（九十年）のサイクルで霊魂彗星に戻って来るわけではないので、そのことについて説明いたします。

①すぐに霊魂彗星に戻らない場合（地球上で転生）

(1)胎内に命を宿したものの、あえなくその命を失う場合

これは、人生の計画の内に入っています。抹消（中絶）されて水子となることも、あるいは流産して命をなくすことも承知の上です。耐え難きを耐えて、より一層成長した自分を見いだそうという思いから挑戦した姿なのです。もちろん中絶を勧めているわけではありません。そういった霊体は、霊魂彗星に戻らず、地球上で二度三度転生を繰り返し、自らが死の恐怖を体験することによって、次に生まれるときに、より人間としての愛、慈悲、思いやりの行為や思考が向上することを願っているのです。その行為には、本人のみならず、親がなお一層人間的に向上して欲しいという期待も込められています。悲しみ、怒り等々の辛い苦しい体験を克服して、立派な人物になって欲しいという思いであります。

ここで注意しておかなければならないことがあります。それは、人は胎児の特別な中絶以外は、人に殺されるなどということを人生の課題として設定することは、皆無であるということです。ましてや人を殺すなどという課題の設定はあり得ません。たとえ人口が百億になっても、ただの一人として存在し得ないのです。

しかし、現在地球上では、毎日のように殺人、戦争などによって人が死に至るというニュースが後を絶ちません。これは、なぜか。肉体を持つと霊体であるときとあらゆる面でギャップが生じるためです。シミュレーションは、あくまで予定であって、生活環境や社会のしがらみによって内容が変わることが多々あるのです。霊魂彗星で霊体をとりまく環境は、争い事もなく愛があふれている世界なのですが、誕生して肉体を持つとそうではなくなります。問題は社会にあります。人とは何であるかということを知り、人間社会のレベルを上げることにより、そのギャップを埋めていかなければなりません。

それが現代における人間社会の課題なのであります。

(2) 小児の疾病による死の場合

これは、人生計画を立てる上では、難易度が高くチャレンジ型になります。

例えば、小児癌(がん)などがそうです。それぞれの病(やまい)にそれ相応の苦しみが生じ、その苦しみをかみしめることを霊体であるときに決意して生まれて来ます。自分ならばどのような態度で難局に処するのか。あえて自ら真価を問おうとするのです。そして、そのことに打ち勝つことによって、人間として、より優れるように願っているのであります。

(3)戦争、病気、事故等で四十五歳までに不本意な死を遂げた場合

これは、特に戦争など一度に多数の人間が死を迎えた場合に当てはまります。

霊魂彗星に戻らず地球上で転生した経験がない人に限ります。

いずれの場合も九十年から生きていた年数を差し引き、霊魂彗星に戻らず地球上で転生することになります。

例えば、十五歳で亡くなった場合、九十歳から十五歳を差し引き、七十五歳となります。スタンバイの時間（胎内の期間等）が必要ですからそれを除くと、次の人生は、七十二、三歳の寿命となります。

②三日間（九十年）のサイクルを待たず霊魂彗星に戻る場合

(1)先天的な障がいのある子どもの死の場合

障がい者に身を転じてその境地を知り克服することが目的であり、それのみが課題であるため霊魂彗星の三日間（九十年）のサイクルを待たず、一日（三十年）のサイクルを待って霊魂彗星に戻ります。

小児の疾病の場合と異なり、裁判官立ち会いの下で計画が立てられるため、短い一生であっても地球上ですぐには生まれ変わらず、一度霊魂彗星に戻ってその生き方を振り返ります。弱い立場の人間となって、苦杯をなめさせられ、間違いの社会を体得しているので、次の転生にあたっては、そのことを生かすことができるのです。そして今回の清算を自ら行い、新たに前回より優れたところを課題として選びます。優れたところというのは、やりがいを見いだすことができ、エネルギーの増量が期待できる人生であります。たとえて言うなら、あえて戦争している国に指導的立場となって生まれて、少しでも地球がよくなるように働きかけようとしたりすることです。

(2) 自殺の場合

キューブラー・ロス博士も「自殺は自由な選択の範囲にはない。」(『「死ぬ瞬間」と臨死体験』)と言っておられますが、その通りであります。

霊魂彗星における人生の課題には、自殺という選択肢はありません。にもかかわらず現世で自殺を選んだ人間は、年の如何にかかわらず霊体の三十年のサイクルに移行することになります。

人間の社会が未熟であるために霊魂彗星において立てた人生計画が、社会のしがらみや他とのかかわりによって予想外に困難であったかもしれません。とはいえ、課題を放棄したことになるので霊魂彗星に戻り、自らを見つめ直し、再び課題を選択することになります。その際、今回よりは、難易度の低いところを自ら選ぶことになります。

しかしながら、自殺にも例外があります。その数は地球規模で見るとわずかですが、生き方や自殺に至る経緯によっては、通常のように霊魂彗星に戻り、なんら恥じ入ることなくよりいっそう高いところを課題とすることができるのです。

『自殺はなぜいけないのか』

自分の計画を見いだすこともできず、自分自身を死に至らせる人がいます。この世で自殺の道を選択してしまった人は、あの世でもあまり感心できないのです。なぜなら、個自身で選び抜いた人生、それを超えることが自分の生きがいとなるように設定したにもかかわらず、結果として人生の途中で自ら放棄したことになるからです。これは、問題であります。

しかし、肉体のない霊体時には、課題は簡単に成し遂げることができるように思えるのです。そこには皆が共に生き、強いエネルギーの人は弱いエネルギーの人を助け、障がい者といわれる人も一体となって築く社会が見えるからです。喜びのうちに人生を営むことを前提としているのです。それが、肉体を持つ、すなわち人間となると、今の社会ではそういうわけにもいきません。社会が進歩過程とはいえ、霊魂彗星で思い描いていたものと、あまりにもギャップがあるので誤算が生じるのでした。そのために課題を成し遂げることが困難となり、嫉妬(しっと)、ねたみ等のマイナス感情が心の半分の領域を占めることになってしまうのです。

善と悪は表裏一体となっています。善の方によりエネルギーを使うことのできる人々が多くなることが、人々を進歩へと導くためには、必要であります。

人間社会のレベルが上がらず、未完成な社会であるために地球上に多くの自殺者が存在します。しかし今の時点においても、やはり自殺者を肯定することはできません。

また辛い思いから逃れたいために自殺をしても、自分はやってはならないことをやってしまったという反省の念が死後も残るのでした。

死後、全てが見えたとき、耐え切れないほどの苦しみでなかったことに気がつき、また自殺することによって、周囲の人々にどれほどの影響を及ぼすかを考えなかったことに対しても、自分自身を責める結果となることが多いのです。「自殺は身内の者に重い罪の意識を負わせます。身内の者は悪夢に苦しむことになり、自殺した人はその悪夢の責任を問われます。結局それは重荷となって、自殺者は重荷を背負って死の世界におもむくことになるのです。」（『「死ぬ瞬間」と臨死体験』）

自殺を選択してしまった魂は、転生する際に自ら選んで通常の人生設計をすることが、なかなか難しくなります。課題を成し遂げるためには、次回はより難易度の低い課題を持たなければなりません。そうすることで、課題を成し遂げ自己の成長につなげるのです。

現実社会では、楽な人生は良いものであると思われがちですが、それでは魂の成長を期待することができません。霊体のときには、より難易度の高いものを目指したいものなのです。それが、魂の成長、生きがいにつながるのです。

③霊魂彗星に戻るか戻らないか迷いが生じる場合

それは、四十代前半の死です。前述に四十五歳までに不本意な死を遂げた場合は、地球上で転生するとありますが、四十代の前半は社会の中でもかかわりあう事柄が非常に多く働き盛りというときであります。そのようなときに急死すると未練が纏綿（てんめん）とする（いろいろな思いが絡み合って離れがたい様子を見せる）のです。それらのつながりに引かれて、地球上で転生すれば、また同じように四十代で死を迎えることになります。そこで迷いが大いに生じます。その結果半数以上の人は、地球上での転生は避けて、通常の霊体のサイクルに移行するのです。

④地球上で九十歳以上を生きた人たち

三日間の旅ではなくなりますが、これはどうなるのか。宇宙の法則からすると長生きをすることがよいというわけではなく、いかに生きるかということの方が重要であります。しかし、同じグループの友人たちはすでに霊魂彗星にいて、仲間の生きている様子を見て喜び、一時でも長く生きるように声援すら送っているのです。そして長生きした人は、やがて死を迎えると霊魂彗星にダイレクトに戻ります。待っていた友と喜び合った後、急いで霊魂彗星の流れに沿うかたちとなります。

⑤天才の若死に

全人類において、三十年に数人有る無しの天才と呼ばれる人の若死にには、理由があります。例えば、優れた学者が現在社会に似つかわしくない発明をしたときにそれをそのままにしておくと社会がパニック状態に陥る可能性が高い場合があります。そのような場合、パニックとなることを避けるために、霊魂彗星にいる役員が地球上の学者の霊的エネルギー（魂）を移動させるという手段を施すのです。移動することによって、学者の肉体は朽ちます。いわゆる死に至るのです。魂は優れた能力を維持したままの状態で新たに転生するので、天才と呼ばれるような人間が誕生します。しかしながら霊魂彗星に帰らず地球上での転生となっているために寿命が短くなるのです。

⑥霊体の一斉掃除

霊体は通常、肉体が生命維持の限界を過ぎれば、何の未練もなくその場から立ち去るのですが、人それぞれの事情によって、中にはその場から離れようとしない人もいます。だいたいは、少しの間住み慣れたところを浮遊して、霊魂彗星に戻らなければならないときが来るまでにその場を離れます。ところが最悪の場合、地球時間で二百年も地球にいすわる人がいます。そういう場合は、役員が見かねて、掃除するかのように一斉に霊魂彗星に連れ戻すことになります。しかし地球の至るところにそういう場所があるので、なかなかこまめには、連れ戻すことができないのが現状であります。

死に至るのにもさまざまな形態が含まれているのです。

第三章

裁判官の仕事

――宇宙の生命と秩序を守る特殊かつ重大な任務

前世の死の直後へ、霊魂彗星に引き戻されたときの記憶

私は、引き戻されるようにして霊魂彗星にたどり着きました。

霊魂彗星のバリアのようなものを越えたとき、三人の人が出迎えて、私にねぎらいの言葉をかけてくれました。しかし、私には理解することができませんでした。そしてその中の二人から、ここに至った経緯の詳しい説明を受けることになりました。説明を聞いているうちに深く深くこの場所のことを思い出しました。深層意識あるいは霊在意識が目覚めたようでした。不思議なことにそのことを理解した時点で、私の記憶は、私の前世が終わった時点に引き戻されていったのです。そして、私の課題が人類にとっていかに重要であるかということを思い出すことができたのでした。

時は、西暦一九〇〇年ごろのことです。前世の私は、四十代半ばくらいでした。強引なまでに霊魂彗星に引き戻されたときから事は始まるのでした。

前世の私は、突然の死で恐怖のあまり、両腕で身体を抱き込むようにして、懸命に死の恐怖に耐えていました。気がつくと迎えてくれた人が、

「急きょ、対処せねばならないことができましたので、帰って来ていただきました。」

と言っています。

私のそばに近づいて来た三人は、全てを知り尽くしているといった、こうごうしい感じの人で、私に気さくに話しかけてきました。

「いやあ、ご苦労様でした。」

私は何のことかわからず、理解できなくてぽかんとしていました。なおも親しげに微笑（ほほえ）みかけてくるので、その態度から私とは特別な関係であることが、感じ取られました。

「無理もないことであります。」

とその中の一人に言われたので、自分で知ろうと意識しました。そうして輪廻転生の説明を聞きながら地球の全ての生き物がここを基点として生まれ変わっていることを少しずつ思い出し始めたのでした。

それでもなお、地球において今まで慈（いつく）しみ育てたわが子二人（長男・長女）が、突然の父親の死によって泣き暮らしている有り様が、手に取るようにわかるので、あまりにもかわいそうになり、すぐそばに行ってやりたかったのでした。とはいえ、霊魂彗星のことを思い出し始めていた私は、個の立場から公の立場へと切り替えざるを得ない状態でした。

私は、わが子の悲痛な叫びを断ち切らねばならないことを説得されていました。表面的には公の立場をとろうとしていましたが、心情的にはわが子を思う心が潜在していました。そして、直ちにそばに行って慰めてやらなければという思いが強く出かかると、そばにいた三人に悟られて、

「我慢して下さい。」

と説き伏せられたのでした。私は、ここに至っては耐えざるを得なかったのでした。今度生まれるときには、子どものそばで何らかの助けになり、良い影響を及ぼすようなところに生まれてやればよかろうと思ったのでした。

三人の内の一人が、

「これから五人全員が集まって、会議をいたしたく、地球に行かれていた二人を急きょ呼び寄せたのです。」

と話していると、もう一人私と同様にしてヨーロッパの方面からやって来た人がいました。同時期に霊魂彗星を出て人間となったのでしょう、年格好も私と同じくらいでした。やはり私と同様に困惑していて、なかば怒りながら不満を漏らしていました。

本来なら霊魂彗星に帰って来る霊体は、一定の場所で死後教育を受けて、次の転生に向けて準備のできた状態であります。しかし、私たちの場合はどこへ行くこともなく直行するため咄嗟（とっさ）には死を受け入れ難いのです。すでに外見も真の霊体の年齢に戻っていました。

例えば、アジア人であれば、たとえ百歳で人生を終えても、死後は青年期（二十代）に戻るのです。そこに揃った私を含む五人は、アジア人というわけではありませんが、なぜか全員霊体年齢が二十代でした。

最後に来た人も私と同じように説明を受けて、徐々に自分の立場を思い出し始め、納得しているようでした。

私たち五人は、地球の生命体を任されていて、全責任を持たされているということを思い出しました。そうしていると、

「全員揃いましたから会議を行います。あちらへ参りましょうか。」

と切り出す人がいました。

霊魂彗星にたどり着いたところより少し離れた小高いところに、役員の丘と呼ばれる場所があります。そこは、霊魂彗星全体をよく見渡すことができて、霊体の動きを掌握（しょうあく）するうえでも、とても都合のよい場所でした。そこに五人は集まりました。

緊急役員会議——銀河本部の人事と隕石衝突の可能性について

私たちが話している間も、霊魂彗星はかなりの速さで、地球の北極近くの大気圏を目指

して接近中でした。霊魂彗星は通常一定のコースを廻っています。そして地球に近づくにつれ、徐々に減速し始めます。会議は、大気圏に近づく前に急いで行わなければなりませんでした。

集まった五人には名前があり、親しく呼び合っていましたが、名前はさほど大事なことと思われず、それは私の記憶には残っていないのでした。今は思い出すことができないので、五行（ごぎょう）から取って仮に『木・火・土・金・水』と役職の上の者から順に名前をつけておくことにします。五人はそれぞれ性質も仕事の分担も違い、うまく調和がとれていました。私は、二番目の『火』でした。小高い丘に集まった五人は、しばらく話し合いました。

そしていよいよ会議が始まりました。

会議の主な議題は、本部長に対するものでした。本部は、霊魂彗星から銀河の中心に向かって六百三十光年にあたる場所にあります。そこは、宇宙全体の生命体を総括している場所です。地球で絶滅した種の全ての魂と、地球に転生することを望まなかった人間の魂の一部と、他の銀河系の生命体のいくつかとが、いずれどこかで肉体が誕生するのを待ち望んでいるのです。本部長は、そこで長を務めておられます。その本部長の衰弱が激しくなり、静養が必要であるということで、霊魂彗星に使者を遣（つか）わされたのです。そのため私たちは、そのことに対応すべく霊魂彗星に本部長を迎え入れる準備と、それに伴う今後の私たち五人の人事と仕事を分担し、進むべき道を会議によって決めました。

本部長は、本部の環境の厳しさによって想像以上に衰弱が激しいようで、私たちのところでいかに速やかな回復ができるのか。それには誰があたるのか。霊魂彗星のどの場所が適しているのか等を検討しました。また使者も六百三十光年彼方から来ることによって、衰弱されているので、そちらにも対応する必要がありました。

いろいろと話し合った結果、本部長が霊魂彗星で静養中に、霊魂彗星から本部長の代理をたてることになりました。私の先輩である課長級の木が、全てにおいて手筈（てはず）をととのえることになったのです。

静養場所には、霊魂彗星の中央の空白地帯の一部を充当することにしました。ここは、静養するには理想的な場所であります。使者は、

「霊魂彗星は、非常に良いところであるが、遠くて困る。」

と随分疲れている様子でした。とりあえずはこの場所で接待して、静養してもらうことになりました。

木は、本部長の代理として行くからには即応力が必要とされるであろうからと、使者から本部の話をうかがいながらそれを参考に心構えとしての勉強をすることになりました。

木は使者の接待、静養場所の準備のために必要なスタッフを木のスタッフの中から十人ほど担当させました。残りの四十人のスタッフは、木が留守にしている間はとりあえず、ヨーロッパ州とアジア州の担当に二十人ずつ振り分けられることになりました。

次に本部からの使者の情報によると、思いもよらない隕石が地球に激突する可能性が二〇％から三〇％の割合であるとのことでした。確率の高さに少々驚きましたが、まだ時間があるということと、何とか対処できるであろうという思いからさほど緊迫した話し合いにはなりませんでした。

それから役員である私たちが、期間内をどのように過ごすのかを検討しました。それは、主に私が取りまとめることになりました。

役員の仕事は、常に五人全員が忙しいというわけではなく、ゆとりがあります。今回は、重要な会議のため全員集まりましたが、通常は三人で仕事をこなし、二人は修行の意味もあって地球に降りています。そのことも考慮しなければなりません。

本部長が静養のために来星されるのは、光の一・五倍の速さを出せる球状に近い乗り物に乗って約二週間後、地球時間では、およそ四百二十年後になります。木が霊魂彗星を出発するのと同時進行なので、一週間後（地球時間で二百十年後）に中間点ですれ違うことになる予定です。

この時点で私は木の後継者として霊魂彗星における課長の座につくことになります。したがって、自由に振る舞うわけにはいかなくなるので、その後は地球に赴くことも不可能となるはずです。そのため、それまでの間にどうしても地球で遂行しなければならない計画を、過酷は承知の上で立てたのです。

それは、法則に基づく人間社会の構築を目指すものであります。しかし、容易なものではありません。それをうまく仕上げることができれば、次回には少し休養の意味あいもあって、中堅の勤め人として転生し、三回目は残された期間が短い上に最終ということもあって、地球上でその能力において一番過酷な状態におかれている生き物である免疫研究用の馬として生まれることを決意したのです。

馬というのは思った以上に頭が良く、察知する能力も優れているため、免疫研究用の馬は、病原菌を注射されるにしても結果がどうなるのか予想できるのでした。一回目は何とか耐えても、ほっとする間もなく次から次へと繰り返されて、短い命を終えます。それゆえに最大の恐怖を味わい、苦痛な状態を強いられるのです。人間の役には立っているのですが、あまりにも哀れであるその様子を霊魂彗星で見ていると、これに挑戦できれば何も怖いものがないように思えたのでした。

地球上での苦しい立場を経験し、それを知ることは、霊魂彗星に戻り仕事につく際に大いに意義のあるものとなるはずです。思いやる心や強い心を兼ね備えることによって、あらゆることに対処できる者になるであろうという思いがしていました。しかし、この計画を知った金は、その苦しみを理解しているので、

「何もそこまですることは、ないのではないでしょうか。もし失敗したらどうするのですか。」

と心配してくれました。この場合の失敗とは、課題にそぐわないことや自殺等をすることです。そうなれば、今度霊魂彗星に戻って来たときに役員としての仕事を果たせなくなります。今までに積み上げてきたものを無駄にしないためにも、一度それに挑戦すると決めたからには、何が何でも克服しなければなりません。もちろんこのことは、私に限ったことではありません。金は、私を止めましたが、私は、

「そのときは、自己責任だから役職はなかったことになるが、いたしかたないものと諦めるしかないね。」

と答えたのです。もう決めてしまっていました。

私のすぐ下の後輩の土は、霊的エネルギーとその能力において私に非常に近い存在で、その人柄はとても穏やかでした。過去に地球に生まれるたびに、主にアジアに宗教をたくさん作り、その時々の人類に大変貢献していました。私が、

「あなたは今回、どうするのですか。」

と尋ねると、

「私は、社会の情勢がいまひとつ気になるので、安定させる意味においてアジアに新たに宗教を作り、広く社会に浸透させて、安定した社会を作りたいと思っています。」

と答えました。私は、しばらく考えたうえで、意見を述べました。

「宗教はすでに数限り無くあるので、私はそれほど感心したことだとは思わないのですがどうでしょう。あなたは今までに宗教をいくつも作っていらっしゃるのだから、少し静養する意味においても、今回はゆったりしたところを選ばれてはいかがですか。例えば爵位の家柄とか。」

と言って、アドバイスしました。少し躊躇する様子を見せていましたが、納得して私の助言通り、ヨーロッパ州のそのようなところへ生まれ、ゆったりとした人生を過ごすことに決めたようでした。

人々のためになると考えて作った宗教ですが、長い年月を経ると、その思いをよそにだんだんとおかしな方向へ進みつつありました。私にはそのことについても、どうにかしたいという思いがありました。根源は同じであるということを伝えたいのです。

私は、前回人間として生まれていて、霊魂彗星の仕事から遠ざかっていたにもかかわらず、戻ってみると仕事が広範囲にわたり、大変忙しい状態でした。そこで、金が私のサポート役をかってでてくれました。金はすでにベテランの域に達しているので、私が霊魂彗星を留守にする間も霊魂彗星に残り、しばらくは重要な任についてもらうことになりました。金には、何から何まで面倒を見てもらうことになりそうでした。

水は、役員に就任して間がなく、不慣れなように見えましたが、やるべきことはしっかりとこなしていました。アメリカ州を専属として頑張る決意を示し、私とは連絡を取りながら密に仕事をすることになりました。

こうして木、火、土の留守の間は、金、水が霊魂彗星の仕事に専念することになりました。

そして、まさに会議が終わろうとしたときのことです。霊魂彗星の前方に運行の安全のために張り付いて見ていたスタッフからやや緊張ぎみの声で、

「もう程なくですので、ご用意をお願いいたします。」

との声が発せられました。

一日分（三十年分）の霊体が入星するとき

いよいよ霊魂彗星が地球の北極圏上空の定位置に近づき、霊体が入星するときが来ました。すると間髪を入れずに金は、役員の丘から霊魂彗星の先端へと素早く移動しました。役員の丘のすぐそばで、霊魂彗星を見守るようにしていたスタッフの多くは、予め決められているそれぞれの配置場所に慌ただしく移動し始めました。秒単位でその様子がうかがえました。刻々と時は迫る。緊張の一瞬でもありました。私も役員の丘から降りて、スタッフと共に霊体を迎える準備をしました。今度は、先ほど先端へ向かった金から準備が整ったという合図がありました。

一日分、すなわち地球上で三十年分の霊体を霊魂彗星に受け入れるときが来ました。霊体が長老に率いられ、まるで羊が羊飼いに連れられているかのように整然と列をなして、霊魂彗星後部の入り口から流れるように入星し始めました。その数は、十億人以上となっています。

このとき、大きく分けると三つの流れとなって、入って来ます。入り口向かって南側からアジア州とオセアニア州、アフリカ州が一緒になって入って来ます。入り口北側からは、ヨーロッパ州が入って来ます。そして中央から北・南アメリカ州が入って来るのです。この三つの流れが川の流れのように集まって一つの大河のようになるのです。

私はアジア州とオセアニア州とアフリカ州を担当していて、広範囲にわたって責任を持っていました。そして地球の中でも特にいろいろと大変な場所である中東も担当していました。

私は、じっと入星を見守っていました。どの顔もみなうれしそうにしています。このときに自由意思により次回に誕生する地域（国）を選ぶことができます。ここに来るまでに決めている人は、素早く移動しています。しかし、迷っている人もいます。大らかな雰囲気の中にも瞬間的に緊張感が走っている様子がうかがえます。なぜならば、入って来た霊体は、単独行動以外の人はグループで行動しているのですが、この場所では、個々の自由意思において見直し、決定しなければならないからです。グループ行動の安心感というものがなくなるときなのです。そのためか、ここは少しざわざわとしています。肉体がなくなると、国という概念がなくなるうえに言葉が共通なので、互いに声を掛け合ったりしています。意思の疎通は十分にできるのです。もちろん何の差別意識もありません。それが本来の姿なのです。

地球上のどの地域に行ってもよいのですが、長年の習慣の違いや霊体の年齢の違い、付近に知り合いがいないため一人で飛び出して孤独にならないだろうかという心配が、迷いとなっています。結局は、元の地域に生まれる決意をする場合が多くなります。おおかたは、霊魂彗星に入る前にすでに長老を中心に勉強会のような話し合いが行われていて、自分の次の人生を決めています。もちろんどの地域に生まれるかということも含めてです。そして次の人生に期待し、夢を見ながら、和気あいあいと語らっています。しかしまだ地球上での出来事やなごりをそのまま持ってくる人も、けっこういるのです。

グループは、前回と全く同じメンバーというわけではありません。なぜなら他の地域に生まれていく人もいます。そのうえ、地球上での生き方によって個々の霊的エネルギーに変化が現れているため、再編成しなければなりません。エネルギーの増量分は、いくらかが宇宙全体の営みのために蓄えられます。それでも多くの個の霊的エネルギーは、以前より増すことになります。もちろん、エネルギーが衰退している人もいます。そのため、だいたいは同じメンバーとなりますが、全体のエネルギー配分を考慮して、調整されます。

霊的エネルギーは、増量している人の割合の方が多いのですが、衰退している人も時折みられます。それでは、どういった場合に霊的エネルギーが衰退するのか。それは、エネルギーの強い人が自らの使命を怠り、遊びに興じているような人生を生涯にわたって過ごすような場合、自ずと（おの）エネルギーが衰えてくるのです。人生そのものを不毛なものとしているからです。また、年老いてから植物状態となって、助かる見込みもなく長い間延命処置を施されて死に至る人は、エネルギーがみるみる衰退し、最期（さいご）には皆無の状態に陥ることもあります。そのような場合、人生そのものが問われることになるのです。もちろん、若くしてそのような状態になり、助かる見込みのある場合などは別で、一概には言えません。

グループの先頭には、長老がついています。長老はどこの地域においても地域の真の霊体年齢より歳をとっています。いわゆるベテランです。グループの団結を図り、要（かなめ）となっています。長老の判断に迷いが生じたときなどは、スタッフや役員がアドバイスをします。その長老の後に続いて、流れに身を任せていると、大画面に個人の地球での生活の一部始終が映像化されて映し出されているのを目にすることになります。

人間社会において、隠し事はいくらでもできそうに思えますが、人の行動は光となって記録されていて、見ようと思えば誰にでも見ることができるようになっています。何一つ秘密にしておくことはできないということです。

したがって、人に隠さなければならないような罪を犯すことは、慎むべきであります。とはいえ、人生を普通に罪なく、目標を逸脱しない生活をした人にとっては、その画面は気に留めるほどのこともありません。しかし、何か大きな罪を犯したにもかかわらず、こここにきてまだ反省もなく自分の人生についてうそぶいている人にとって、それを目の当たりにすることは、とても効果的です。そういう人の画面は、同じグループの人のみならず多くの人が食い入るように見るのです。それまで悪いことをしていないと言い張っていても、こうもはっきりと映し出されると、もう何も言い逃れはできません。一変して恥じ入り、反省の色を見せます。

霊魂彗星に入星する前にも十分反省する機会があったはずなのに、そのようにここに来てやっと反省の色を見せる人もいるのです。このとき、同じグループの長老は、責任を感じているのか少し気まずい思いをしているのでした。

反省した人は、ようやくそこで次の行程へと進むことができます。

しかしごくまれではありますが、ここまできてなお過ちを認めずしらを切る人は、長老が裁判官である役員のところまで連れて来て、その人を除いて、新たにグループを再編するのでした。裁判官の前に連れて来られた人は、人間として不適格であるということから、人知れずエネルギーを分割して、他の動物に変更されるのでした。そして、あらたに小動物から出直すことになります。

死後の裁判を恐れる人がいると聞くことがありますが、生きているうちに過去の過ちを悔いる人やこの場に来るまでに反省している人には、何の裁きもありません。

三日間、すなわち地球上で九十年の人生を終えて、霊魂彗星に入星するのですが、九十年を過ぎてもまだ地球から帰って来ない人と同じグループの仲間は、後ろを振り返り振り返り、友が来るのを気にかけています。そういうグループには、流れの列から離れて友の帰りを待つよう勧めます。

霊魂彗星の〈図8〉のサイドから少しだけ離れたところに、離れ小島のような場所があります。その雲状のところで何人か集まってのんびりと語りながら時を過ごすのでした。待っている間は、かなり自由にしていました。

そのとき突然、私はここで装置を使わずに未来シミュレーションを目にすることになりました。それは、咄嗟の出来事に対する予知能力がそうさせたのかもしれません。グループの仲間を待っている霊体二、三人が、出てはいけない霊魂彗星のバリアからなにげなく出ていました。すると折悪く、人工衛星の米国宇宙飛行士の一人に見つかってしまったのです。飛行士はびっくりして、仲間の一人のひじを引っ張って知らせました。仲間も同様に驚き、地上の人間に交信して、盛んに、

「神様がいる。神様が見えた。」

と伝えています。ところが地球上の反応は、それほどではありませんでした。交信では

意味不明とされてしまいました。しかし本人たちは、大まじめでした。私は、これはまずいことになったと思い、金だらいに蓋がついたような乗り物『人工衛星』の二人の魂を移動させようと思いました。だが、それほど急ぐこともないと思い直し、シミュレーションでしばらく成り行きを見守ることにしました。

地球に帰ると宗教のような形となり、その宇宙飛行士は、宗教人となりました。アメリカの人々はそれを信じ、たちまち信者の数が一万を超えました。そして、その後も増え続け五万、十万とその勢いは、衰えませんでした。当時の社会では、二百万を超えると、まずいことになる可能性が高かったので、魂の移動をしなければならないと思っていると、二百万人に達することもなく、潮が引くようにその『信者』数は減っていったのでした。

そこで未来シミュレーションは終わりました。

それを見届けてひとまず安心しました。もう魂を移動する必要はありませんでした。

やがて、グループの仲間が、地球で九十歳を過ぎて死を迎えると、どこにも寄らずに霊魂彗星までまっすぐ帰って来ます。そうすると待っていたグループの仲間は、喜んで迎え入れるのでした。

私は、金に、

「三日過ぎても帰らない人は、早くこちらに帰らせようか。」

と言いました。金は、

「いいえ、とんでもない。地球に出て肉体を持てば、一日でも長く生きたいのが、皆の願いなのです。こちらにいるときとは、死に対する思いが違うのです。」

と答えました。そう言われてみると、私も前回、突然の死を迎えて、恐怖のあまり体をこわばらせていたことを思い出しました。死の安全弁を通過すると死に対する恐怖心が芽生えます。その効果もあって、死にたくない、生きたいという思いが強くなるのでしょう。あらためて、待っている人を見渡せば、地球で生きている仲間が少しでも長く生きるように願っている様子が見て取れました。

絶滅した生物の魂のゆくえ

雲の切れ間のようなその場所をじっと見ていると、突然すさまじい一条の光が霊魂彗星の近くを通過して行きました。初めは、なぜここに戻らないのかと疑問に思いましたが、すぐに思い出しました。地球に肉体がなくなった生き物の魂です。要するに絶滅してしまったのです。自然淘汰あるいは人類の思いやりのなさから、肉体が地球からなくなった場合は、転生することができなくなります。もちろんその魂をどうにかできないわけではありません。しかし人間が反省する意味も含めて、その魂は本部へと行くことになっています。私は、死に絶えた生き物のことを考えると少し心寂しくなってきました。そう思っている矢先にまた一条の光。人間を調整しなければいけないかなと、ひしと考えさせられました。

人間社会の理想は、労働年数を減らし無償の経済へ移行すること

裁判官の仕事があらかた片付いたころ、転生するにあたって希望に満ちあふれている人々は、スタッフの先導により、〈図10〉〈図11〉〈図15〉の広場に向かっていました。〈図5〉の入り口辺りも、流れはあるものの人々で埋め尽くされていました。

そのような中、私はグループの範となろうかという人たちを無作為にピックアップして、労働に関する質問をしました。

霊魂彗星では、生物の心を全てにおいて見通すことが可能であり、見通すことによって、莫大な数の生物の管理を首尾よく司（つかさど）っています。にもかかわらず、なぜそのような質問をする必要があったのか。それは、霊魂彗星にいるときの霊体の意識（霊在意識）と地球

上で人間となったときの意識とでは、はなはだしい開きが生じているからです。霊在意識下では、全てにおいて善の心のみとなり、ひたむきな向上心に加えて、皆が和を重んじる社会を望んでいます。この思いが全てにおいて到達したとき、至上の社会となり、全ての人々が宇宙の発展に貢献することができるのです。

しかしながら、現状の人間社会に見える、生きるための労働に明け暮れする様子は、人間本来の目的である人々が和をなして課題を成し遂げるという行為から考えても、あまり芳しくない状態であります。もちろん労働そのものは、決して悪ではありません。しかしそれに費やす年数、時間が問題なのです。個々人の生活環境が著しく破壊され、なおかつ家庭、地域社会、国へ貢献する時間も全て犠牲にする状態の人々が、圧倒的多数となっているのが現状です。そうなることによって、人間社会は本来あるべき状態に向かって進歩する兆しが一向に見られないのです。したがって、私は解決方法を模索していました。直接に一人でも多くの人々の声を聞き、霊魂彗星にいるときの意識をいかにすれば、地球上の生活に生かすことができるであろうかと考えたのです。

話の内容は、次のようになりました。一生を振り返り、家庭を安定させる基礎の構築に必要な労働年数は、いかほどかと尋ねました。それぞれ自らの生き方を十分に振り返って、そこから答えを導き出しました。すると結果は大きく分けて、約三年と五年の二通りの回答に絞られました。霊魂彗星では、全ての生物が善の心を持ち、大らかで、互いに助け合って生きていけると確信しているので、そのことは幾分加減して考慮しなければなりませんが、現実の人間の労働に関する年数とは程遠いことが、歴然とした事実であることを改めて思い知ったのでした。

現在の人間社会のレベルは、霊魂彗星では一目瞭然で、十段階評価でレベル二程度であります。まずは、レベル五くらいを目指したいものです。しかし、そのためにいきなり労働年数を減らすのは、無理が生じます。とはいえ質問の結果から考えると、レベル五に至るまでは、せめて十年くらいの有償経済であることが望ましいのです。有償経済十年の間に生活の基礎を成し遂げ、残りの歳月は、時間的にゆとりを持ち、個々人の力量（霊的エネルギー）に合わせて家庭や地域社会に広く貢献することが望ましいと思われます。そのようであっても労働が必要不可欠であることは言うまでもありません。しかしながら、有償経済に身を置くのではなく、人生にゆとりという意味において、生活の維持が可能な程度の糧を得ることができるくらいの無償の経済に従事するのです。そして、それぞれが霊魂彗星にいるときに秘めている人生の課題を、成し遂げるように努力することが大事なことなのであります。なおも付け加えると、人間社会がレベル五以上に移行したならば、霊在意識のまま有償経済は、五年で十分ということになります。

しかし、今のままでは、いくら霊在意識を高めても人間となったときに思い起こすことができないので、ギャップを埋めることは、なかなか困難なことになります。進歩の動機付けが必要であることは明白ですが、漸進(ぜんしん)的な進歩を促さなければ、レベルの低い社会においては、パニックに陥り、現状を維持できなくなり、後退の現象を見せることになりかねません。

このような質問をしてあらためて、自らの転生の意義を再確認するのでありました。私は、今回生まれることによって、まずは全体の二%の指導的な役を果たす人間の心を捉えるべき情報の提供ができるように心掛けなければならないのです。なぜならそうすることによって、ある程度時間がかかったとしてもスムーズに社会に受け入れられることが判明したからです。

裁判官の仕事を終えた私が次にすべきことは、担当地域の成り行きを見届けること、つまり霊魂彗星の巡回です。

巨大なエネルギーを引き継ぐ役員に立候補する人

そのとき、私を待っていたのか、一人の男性が近づいて来ました。彼は、裁判官の役につきたいと申し出てきました。様子をうかがっていたのか、ちょうど木が本部に行くために役員に欠員が生じることになり、補充する必要に迫られていました。彼は、熱心に自己アピールをしていました。念のためにしばらく様子をうかがいました。地球上と違って霊魂彗星では、自分をごまかすことはできません。見ればわかるのです。人となりは、自ら申し出るだけのことはありました。タイミングがあまりにも良かったことも加わり、あらかた決まりそうでした。しかし、他の役員の意見も聞かなくてはならず、結局今回は、普通のエネルギーで地球に旅に出てもらい、その結果次第で仕事についてもらうことになりました。仕事につくことになったときには、私のそばについてもらい、仕事の手順を覚えてもらうことになるでしょう。そして、木が霊魂彗星に置いていく巨大エネルギーを引き継ぐことになるのです。

地球に幼い子どもを残し飛び込んで来た母親

さまざまな人が私の元へやって来ましたが、急を要する人が飛び込んで来ることも多いのです。

「子どもを残したまま火事で一命を落としてしまったので、早く子どものところへ行かせて下さい。あまりにも子どもがかわいそうで。」

と我を忘れて半狂乱の状態の母親が来ました。死後の全ての過程を素通りしてここまでやって来て、懇願するのでした。母親が子どもを思う気持ちが痛々しく伝わります。

「それは、気の毒なことです。早く行くことは一向に差し支えありませんが、親として行くわけにはいかないのです。」

と説明すると、

「とにかく行かせて下さい。」

と必死で頼むのでした。この母親の気持ちは、痛いほどわかりました。なぜなら私自身が子どもと突然別れるという体験をしたばかりであったからです。そこで、早く行くことを勧めました。とはいえ、親として生まれるわけにはいかないので、残した子どもの心を癒すことのできる友人関係や身内であるとか、より接触のできるところを選んで行くことしかできないのです。

しかしながら、子ども自体もある程度親を選ぶ過程において、覚悟して生まれています。それには、個を強くするという意味もあるのです。辛く厳しい環境の中でもなお人に尽くすことができるのか。個への挑戦でもあり、より個を練り上げることを期待しての人生設計なのです。ここに共に生きる喜びが生まれるのです。

その母親は、子どもと関係ができるところを見いだして、素早く立ち去って行きました。このように緊急に計画以外のことが生じた場合は、最もふさわしい場所の確認をするために霊魂彗星に戻って来ます。また心の面では、他の人に見てもらいアドバイスしてもらうと、衝撃を緩和することができるというメリットもあるのです。

通常の場合は、輪廻転生内の二分の一、四十五歳以内であれば、霊魂彗星に戻らず、地球上でほどよい場所に生まれることができます。

しかしこの母親のように、やむを得ず死に至った人々が、何人か慌ててやって来るのでした。人のためや子どものために我を忘れて必死でやったことによって死に至る人。これらの人々も、早く本人の希望通りの転生が行えるよう、霊魂彗星の通常の過程を飛ばして、適切な処置を施すのでした。これは、通常を超えた処置となりますが、それもいたしかたないことでありましょう。当人は、喜んで再び地球に生まれて行くのでした。

第一　シミュレーションの画面に映し出された未来の映像

その場を移動しようと思っていると、スタッフから、

「シミュレーション画面に重大なことが映し出されていますので、お越し下さい。」

との連絡が入りました。

第一シミュレーションの画面は、霊魂彗星の中央付近で〈図9〉にあります。大きさは、およそ一メートル四方で、足元に平面状に広がり、見やすいように少し角度がついていて、上から見下ろすかたちとなります。常に未来の映像等が、映し出されています。何人かのスタッフがそばについていて、緊急時には役員に連絡することになっています。霊体の往来が自由にできる空間にあるので、誰にでも見ることが可能ですが、通常の霊体の通過コースから少し離れているために、知る人ぞ知る存在となっています。

スタッフの呼びかけに急いで行ってみると、役員会の議題に上っていた隕石の件でした。いよいよ緊迫の度合いが高くなっていましたが、まだ役員会議で決めた対処する段階には至っていませんでした。そのことを意識にとどめておくことにして、とりあえずは、仕事を続行することにしました。

予言者として生まれ変わりをする人

そのようなとき、幾人かが一人ずつ順序正しく第一シミュレーションの映像を見に来たのです。本来は自由に見てもよいのですが、私がそこにいたので許しを請うかたちをとって、声をかけてきました。

その中で、ヨーロッパ州に行く予定で一人で行動している人が、

「大王様、シミュレーションの画面を見てもよろしいでしょうか。」

と言いながら私に近づいて来ました。

「私は、大王様と呼ばれる者ではありません。」

と強く否定したのですが、その人は、

「そうおっしゃいますが、あのように超巨大なエネルギーと未来のことを作り出す仕事をされておられるのですから、それ以外の形容する言葉がないのでございます。」

と言うのでした。そう言われて意識すると、私は、いつの間にか大きな光の輪の中にいたのでした。それはともかく、少し気になったので、

「画面はいくら見てもよいですが、それを見てどうするのですか。」

と尋ねました。すると、

「私は、予言者としてここ何回か転生しております。この画面に映し出されたことを全霊で覚えて、また今回もそのように予言者として地球に行きたく思いますので、シミュレーションを見せていただきたいのです。」

と答えたのです。

「ここの出来事を思い出すことができるのですか。」

とまた尋ねると、

「今回もそうすることが可能かと思われます。」

と答えました。そこで私が、

「好きなだけ見ていけばよいでしょう。」

と言うと、その人は、画面を食い入るように見始めました。しばらくして、

「これで、よろしゅうございます。」

とその場を立ち去ろうとしました。

未来の出来事は、今映し出されていることが必ずしも実行されるとは、限りません。せっかく覚えていって、結果が違ってはかわいそうだと思い、

「覚えていくのはよいですが、今見た未来の出来事は、地球にとって都合が悪くなると、画面に映し出されていることとは違う結果に修正が施されることがありますが、それでもよいのですか。」

と念を押しました。すると、承知しているといった様子で、

「はい、結構でございます。」

と言って、去って行ったのでした。

次に現れたのは、アジア州に行く人でした。私に話しかけるときに、今度は神様と言いながら来たのでした。これもまた大きく否定しました。やはり、超巨大エネルギーと仕事のことで、そう言葉にしたようでした。前者と同じように画面を食い入るように見て、そこに映し出されていることを精一杯覚えているようでした。それは潜在意識、あるいは霊在意識とでもいうべき意識に潜伏させているかのようでした。たった一度のシミュレーションを見るという体験で、地球に行き肉体を持ち、人間となったとき、本当に思い出すことができるのでしょうか。思い出すのが困難であることには間違いありませんが、相当訓練して体得している様子でした。

しかし、幾度か繰り返しているとはいえ、自信を持ってここを去って行く人を見ると、少し心配する心が湧いてきました。なぜなら、そこに私自身の思いが重なったのです。私もここでの仕事が全て終われば地球に行くのだという思いが、心の奥に潜在していました。自分自身は、今の仕事の内容を地球に行ったときに思い出すことが可能かどうか、我が身に思いを置いたのでした。

この二人の予言者は、真剣な態度で取り組む様子でしたが、後から来た人々は、好奇心程度でシミュレーションの画面を見に来ているのが読み取れたので、後は自由に見てもらうことにして、私はその場を立ち去りました。

人間になりたい馬の集団との話し合い

〈図15〉は、人間の集合場所です。スタッフが適切なアドバイスをしながら任務を遂行しているためか、私はそれらの様子を見ながら、声をかけられることもなく、素通りすることができました。

前述しましたが、霊魂彗星にはもちろん、人間だけがいるわけではありません。地球に生存するおおかたの生物の霊が入ってきます。しかし、霊的エネルギーのあまりに弱い生物は、霊魂彗星に到達することはできず、そこに至るまでの空間で、もやっている状態です。そして、ある程度の霊的エネルギーになると霊魂彗星に来ることができるようになります。

平面に近い状態の霊魂彗星のはるか彼方まで、見渡す限り霊が並んでいます。その様子を見守っていると、馬の集団に呼び止められました。〈図16〉は、諸動物の集合場所で、そこに差しかかろうとしていたときでした。中国に生息していた三十頭の威勢のよい馬の集団は、私が来ることを察知して待っていた様子でした。このときには、代表者による最

終の意見陳述の場が設けられています。そして馬の代表は、私に、

「私たちは、人間にして下さいと何度も申し入れています。もう人間になれるものと思っています。前回のときに今度来るときには、人間にしていただけるようになっていたはずなのですが。」

と力強く話しかけてきました。

私は地球から帰って間がないため、全てを思い出せないまま仕事についていました。馬のことも思い出すことができませんでした。エネルギーを補強すれば、馬を人間として転生させることは、容易なことです。現世の人間にとっては想像すらできなくて意外に思われるでしょうが、親となる者の存在があれば、ある程度の霊的エネルギーを持つ他の生物をエネルギー調整することによって人間として転生させることは可能なのです。

しかしそのときは、これ以上人間の魂を増やせる状態ではありませんでした。馬の願い出の勢いに、私は少々たじろぎました。またそのような約束事があったのかと、いぶかる気持ちもありましたが、なんとかなだめて現状を伝え、説得しました。誕生を待つ人間の圧倒的に多い有り様を目にして、集団はまた馬となって行くことを決心してくれたのでした。

馬は、人間と違って、一日半つまり四十五年のサイクルです。エネルギーの色は、思っ

たより人間に近い色を放っていました。

光の強さ明るさは、言うまでもなく人間のものが一番明るいのです。人間は、全ての動物にとって憧れの存在なのです。そのため諸動物は光を増してくると、人間になりたいという強い願望を持ち始めます。光は他の動物になると、おおむね小型化していくにつれて、明度も彩度も下がってうす紫色になっていきます。

生きる喜びに満ちた諸動物とのコミュニケーション

〈図16〉に来ると、あらゆる動物たちが生きる喜びに感謝している様子が、私に伝わってきました。そこには、霊的エネルギーの増量を図り、人間並みに近づきたいという思いから、ひたすら邁進(まいしん)する姿が見て取れました。それらの気持ちの表現の一端として、霊的エネルギーは、乱舞していました。

その状況を見ながら、なおも進み行くと、〈図14〉にたどり着きます。ここは、霊魂彗星の先端の部分が大きく凹んでいる状態で、ある程度の保護膜は施されているでしょうが、もや状の大地はなく、直接宇宙空間となっています。まるで港のようです。

〈図16〉の諸動物に属さず、霊的エネルギーの強さが、シジミくらいまでの弱い生物は、霊魂彗星の入り口を通らず、三十年に一度の霊魂彗星のサイクルにあったときのみ地球から様子を見せにやって来ます。霊的エネルギーが微弱なため、もやった多くの霊体が固まり、回転を繰り返し、地球から帯状に湧き上がるかのような状態となっています。入り口からの過程を通る必要がないため、成長の確認の意味から立ち寄り、意気盛んなところを見てもらおうと努力する姿を見せるのです。

霊魂彗星に入って来る霊体で一番小さな光を放っているのが、シジミのような貝類です。それより小さな生物は、霊魂彗星に到達不可能な状態なのか、確認した記憶はありません。シジミの霊的エネルギーは、淡い紫色をしていて、地球と霊魂彗星の間を頻繁に出入りしていました。そのため霊魂彗星から地球に淡い光の帯がつながっているような状態となっていました。魚たちも出入りしていて、こちらからは、楽しそうにも見えました。私は、霊魂彗星にいるときは、彼らと意思の疎通を図ることができるので、念のために魚に聞いてみました。すると魚の代表が、

「死ぬときは、怖いものです。しかし、私たちも生きることの大切さを知っています。食されることによって誰かのためになるのならば、それはそれで喜びとしています。しかし、節度ある捕獲を願いたいものです。そうでなければ、甚だしい矛盾に陥るからであります。」

と意見表明するのでした。その後、輝きを見せながらいくつかの帯状になって、地球に降りて行きました。

人間のために命を落としても、大きく役に立つことを喜んでいるのです。けなげな姿でした。

中東の臨時出入り口——転生を円滑に行うための特別な仕組み

〈図14〉の〈図13〉よりのところに中東の人々がスムーズに転生を行えるように一時的ではありますが、特別な場所が当てられています。

中東方面の人々は、戦争などで短い一生を幾度となく繰り返しています。敵として戦ってお互いが死に至り、霊魂彗星に戻ってみると、争い憎しみ合っていた人同士が、実は前世で親子兄弟の間柄であったりすることがよくあります。親しい間柄だからこそ、次に生まれたときには共に頑張り、争い事のない生まれ変わった社会を築こうとお互いに誓い合って、強い思いを抱いて生まれてくるのです。ところが人間となって生まれてみると、生まれた国の環境や歴史などの拘り(こだわ)が生じて、あれほどまでに平和を目指そうと強い思いを抱いていたにもかかわらず、結果的にはお互いが憎しみ合い、殺し合うほどまでに転じてしまうのが現状なのです。

霊体になったときに初めてそのことに気がつき、こんなはずではなかったと驚く姿がしばしば見かけられます。

霊在意識下では、国という意識がないので簡単なように思えるのですが、現実の人間社会では、法則を思い出せないがゆえに争い事が絶えず繰り返されています。またひとたび社会教育で敵対心を植えつけられて亀裂が入ると、親しい人ほど元に戻るのが難しいものなのかもしれません。

地球に生まれることを拒む人々はどうなるのか

静かなところなのに少しずつ騒がしくなってきたようでした。我々五人が一番気を遣うときが来たのです。地球の大気圏に接近しつつありました。霊体が降りて行くときが近づいてきました。最後に私の近くにいた人々に再確認の意味で、

「再び生まれることができるのですが、地球に行くことに異議はないでしょうね。」

と尋ねてみました。多くの人は異議などない様子で、緊張と不安と共に、また肉体といっしょになれるという喜びの入り混じった感情で、そのときを待っています。地球に接近

したとはいえ、まだ地球は遠く、霊体であっても到達することができるのであろうかと思われるほどの距離でした。

しかし、そのようなときでもまだ生まれることに迷いのある人がいました。大集団から離れて、私の方へ向かってきた小さな集団です。

「また肉体を持って生きていくことができるとは、思えません。私たちは地球へ行きたくありません。」

と言うのです。女性の数が多かったのですが、中には男性もいました。

「前世において、生きていてそれほど良かったとは思えませんでした。」

と言うのです。

「もし人間として生まれたとしても、うれしくありません。」

とまで言っています。そして、地球に行くことを拒否しているのです。私は、そうかそうかと驚きもせず、話を聞きました。

地球に降りると間違いなく人間になれるのですが、霊魂彗星での肉体のない姿だと、そのことが信じられないという人もいます。また、そんなに地球に行かなくてもよいのではないかと、生まれることに対して否定的な人もいました。

その対応として、そういった人たちは、別の道に行かせることにしました。それは、銀河の本部です。〈図18〉の〈図14〉寄りの隅にあるトンネルを通って本部へ行くことができます。銀河本部では、今はまだ霊体のままの状態で、肉体を持つことなく過ごすことができるのです。しかし私と話をした結果、そこでの状況の厳しさが伝わったのか、地球に行くことを拒み集まった人の四分の三は、地球に生まれる決意をし、残り四分の一ほどがそれでもなお銀河本部に向かうことになりました。

地球に向かうために出口へと移動

中央広場に順序正しく整列された霊体によって、霊魂彗星のはるか彼方まで見渡す限りが埋め尽くされていました。多種多様の生物の霊体です。人間が半分くらいで残りを他の生物が占めていました。

全体を見ると色とりどりで、希望の光に満ち満ちていました。自分を成長させ、社会に大いに役立つ人間になりたいと思う心であふれているのです。

スタッフが再び忙しくなります。それぞれが地球への出発のために移動を始めました。オセアニア州方面に向かう場合は、〈図19〉の一部が便宜上一時的に張り出しているので、少し突き出たところまで行き、回り込んで降りて行かなければなりません。それでもなおオーストラリア方面は、霊魂彗星の位置からは見えにくくなっているため、降りて行くのに不安な様子がうかがえます。降りて行くことを渋り、ここに来て急きょ予定を変更し、そこから見える範囲のところへ降りて行く人も多いのです。そのためにスタッフは、慌ただしく調整を行わなければなりません。その様子を見て、何か対処せねばならないと思い考えました。

将来的に科学で今の霊魂彗星の位置が判明するようであれば、地球に接近する位置を移動することになります。そのときは、オーストラリアに容易に行ける場所に霊魂彗星を接近させることになるでしょう。そうすれば、そこに向かう魂がもっと増えるようになるのは、間違いないところであります。

霊魂彗星特殊部隊――霊的エネルギーの増量等を研究

私が、〈図17〉を通り過ぎようとしたとき、人目につきにくい小高い丘に囲まれたようなところに、人々が集っている様子が目に留まりました。何やら専念しているようだったので、何であろうかと思って見ていると、私の元に一人の人が素早くやって来ました。

「特殊部隊の隊長を務めております。どうぞご覧になって下さい。」

と招き入れようとするのです。

しかし私は、隊員たちが気をとられては気の毒であると思い、結果として入り口辺りで隊長の話を聞くことにしました。

話の内容は、次のようなものでした。

◎特殊部隊のメンバーは、通常百二十人程度で、各州、各組より標準的な層の霊体が選別され、集められているということ。

◎そのメンバーによって、霊的エネルギーの増量の可能性についての研究、及び宇宙全体のあらゆる条件下において、霊的エネルギーの消耗を防ぐための研究がなされているということ。

◎その人たちとは別に全霊体の中の精鋭たちが五十人程度集められて、未知への挑戦で可能な限りを探求しているということ。

最後に、隊長自身も実践のために地球へ旅立つということでした。そして、

「その節は、ごあいさつに参ります。」

と言うのでした。

私は、隊員全体を見つめて、その場を後にしました。

地球に降りる号令——降下速度の違いで誕生時期が異なってくる

霊魂彗星は、ユーラシア大陸上空、中国と中東の上空辺りの大気圏に接触したところにとどまり、その間に霊体を地球に送り出します。

アジア側からもヨーロッパ、アメリカ側からも緊迫した声が聞こえてきました。いよいよ地球の旅に出るときが来ました。今度も金が霊魂彗星の先端から号令を発し、一斉に降りるように指示しました。

まずは、ヨーロッパ、アメリカ州方面に行く人が動き出します。そして中東から中国へ日本へと順に降りて行くのです。

北・南アメリカ州は、北極点に近い〈図12〉から降り、ヨーロッパ州は、〈図13〉から降ります。このとき、降りやすくなるように霊魂彗星は張り出す形となります。オセアニア州、アフリカ州は、〈図19〉から降り、アジア州は、〈図20〉から降りて行きます。同時に動物たちも〈図18〉から降りて行きます。

「こんな高いところから降りて大丈夫なのですか。」

と念を押す人がいたので、大丈夫だから安心して行くようにと声をかけました。すると、霊体が一斉に地球めがけて飛び降り始めました。それは、楽しげにゆったりと降りて行く人や、我先にとばかりにサッと飛んで出る人、友達と一緒に行く人などさまざまです。これほどまでにそれぞれ違った様子を見せることも、そうないのではなかろうかと思いながら見ていました。個は自由でありましたが、それぞれ地域の出口から秩序正しく送り出されていました。

一度の霊魂彗星の接近によって、地球上で三十年の歳月をかけて誕生するのですから、いち早く降り立った人々は、前回霊魂彗星が接近したときにゆっくりと降りた人々と時が重なり、同じくして地球上に生まれることになります。従って、地球上での人々の誕生には、むらが生じるようなことがないのです。

地球に生まれることを拒んだ本部組は、少し慎重な様子でトンネルの中へと吸い込まれるように流れ込んで行くのでした。

私はそれらを見届けて、巡回も一巡りしたので、ひとまず役員の丘の方へ向かいました。

生への愛着と死への恐怖心が備わるライン

ふと気がつくと、私の後方に友人の金が寄り添うようについていました。介添え役を買って出てくれたのでした。ここ暫く地球に出ていて、霊魂彗星での仕事に専念していなかったため、不慣れになっているのを気にかけてくれてのことでした。二人でなにげなく役員の丘に向かい、〈図8〉の場所を過ぎたときに金が、

「今、通り過ぎたところを覚えていらっしゃいますか。」

と問いかけてきました。私は、

「何も意識するようなことは、なかったけれど。」

と返事をしました。

霊魂彗星入り口から入って〈図6〉〈図7〉〈図8〉を通り過ぎるラインは、死に対する安全弁のようなものであります。通常のように入り口から出口に向かうと、認識しないうちに生への愛着が湧き、死への恐怖心が備わる仕組みになっています。反対に再度ラインを戻れば、死に対する恐れが無になるのでした。すっかり忘れていた私に金は説明をしてくれたのでした。

私は友人である金に心を完全に許していて、ラインがあると思われる場所を幾度となくまるで子どものように行きつ戻りつしました。しかしその場では、変化に気づくことはありませんでした。肉体を持って初めてブレーキの効果が現れるのです。

そして、友と生死について無邪気にも、やや一方的な問答をしたのでした。私が、

「死への恐怖心という安全弁のようなものは、いらないのではないですか。そうすれば死をいとも簡単に迎えることによって、輪廻転生の回転が早まり、霊的エネルギーの増量を効率よく図ることができるでしょう。」

と言うと、友からは、

「それでは、転生して生きる喜びが無に等しくなり、努力して進歩しようという向上心が消え失せてしまいます。」

と答えが返ってきました。私もそのことは承知していましたが、今一度自身に問いかける意味もあり、金と話したのでした。

未来の地球社会を知るために第二シミュレーションへ

私自身も、地球に行くための準備に取りかからなければなりませんでした。そこで最後

に第二シミュレーションでこれからの地球の安全を確かめてから、地球に向かうことにしました。

私が地球に行っている間に何が起こるのか、未来のことが知りたかったのです。しかし、未来全てを知る必要はありませんでした。それでもやはり生まれるからには、人間のあり方を少し直しておく必要がありました。せっかく生まれてきたのに、何もせずにすぐ霊魂彗星に帰ったのでは、私の人生の意味がなくなってしまいます。そのために私の人生の半ばくらいまでは、知っておきたかったのです。もちろん、地球や霊魂彗星に何か緊急事態が起きそうなときには、すぐに霊魂彗星へと帰らなければなりません。

私は、金と現状認識を兼ねて、仕事に必要な話をしながら第二シミュレーションの方へ歩き始めました。金は、少し前に本部の使者の乗り物を見てきたということで、一度見られてはどうかと私に勧めました。球状に近い形で光の一・五倍の速さで進む乗り物。私もそのようなものを見ることができるなら見ておきたいと思ったのですが、あれこれと気が分散して、今回の旅が徒労に終わり、意味のないものになってはいけないという思いがよぎり、自重することにしました。そこで金にその様子のみを聞くことにしたのでした。金は、使者といろいろ話したようでした。

私たちの霊魂彗星は、本部の管理下にあります。また霊魂彗星以外にも本部の管理下で私たち五人と同じような役割を果たしている者がいます。そして、新たな生物の発生に備えて、それに対応できる霊的エネルギーを本部から幾種類か共にして、生物が発生する可能性のあるところに配属されているのです。

ところが使者の情報によると、霊魂彗星以外のところは環境が厳しくて、霊的エネルギーの維持に苦慮しているということでした。それに比べると霊魂彗星はオアシスのようで、他に配属されている人たちの憧れの的になっているそうです。

今地球以外では、地中に五、六種類の生物の発生が確認されていて、地球上のミミズのような生物だということでした。そして、人間のような大型の肉体の発生を待ち望んでいる状態であると付け加えていました。

話は変わり、アメリカ州を担当している水の仕事ぶりを金に尋ねました。金は、

「心配することは全くないですよ。役員になって間もないですが、しっかりと仕事をこなしています。そつがない人ですから。」

と答えました。加えて、

「そちらとは、どのように連絡をとるのですか。」

と尋ねると、

「それは、これから行くところで全てを把握することができますから。」

と答えが返ってきたので、少し安心しました。

それから、金に話すことに迷いもありましたが、繰り上げ人事の件について話し始めました。私は、地球の旅から帰って来たら、霊魂彗星の責任者となることになっています。しかしながら、そのことにためらいがありました。それを打ち明けると、

「何を言われますか。全く適任であります。」

と力強い答えが返ってきました。私には、すぐ下の後輩がその役をしたがっているのではないかという思いがありました。また自己採点してみても、私には少し消極的な面があるので、どうであろうかという思いもありました。その思いを払拭(ふっしょく)するためにも、今回の人生は、自らの課題を極限のものにしようという考えに至ったのでした。金は、

「自己責任ですから、失敗したら大変ですよ。何もそこまでのことをやることはないと思うのですが。」

と心配そうにつぶやきました。

それらのことは、私も全て承知していたのでした。

映し出された衝撃の未来映像――激動する日本・中国・世界の情勢

そうこうするうちに、第二シミュレーションのある場所に着きました。第二シミュレーションにもスタッフが二、三人ついていますが、第一シミュレーションと違って、役員とスタッフ以外の人がその映像を目にすることは、ほとんどありません。

緊急情報が入ってきたときなどは、その場において即判断を下さなければならないことも多いのです。したがって、裁判官の仕事と巡回のとき以外は、ほとんどこの付近での仕事となります。

私は、シミュレーションの画面を操作して、未来を見始めました。物事が現実よりも何倍も早く進む様子が、画面に映し出されています。何が見たいのか考えると、それに答えるように画面に映し出されるのです。コンピューターの今より進んだものと考えてもよい装置です。どうして未来がわかるのか、地球時間と霊魂彗星の時間が違うので簡単にわかるのか、今の私には知ることができませんが、とにかく未来がわかったのでした。

まず初めに、今回生まれて行く人たちがどうなるのか。その動きから見ていくことにしました。

それぞれが、自由意思をもって人生設計を立てて、地球上の思い思いのところへ自分のペースで降りて行きます。シミュレーションで全体を少し早く映像化して見ていると、霊体の動きがよくわかります。この霊体が地球に到着するときが、大事なのです。

通常、霊魂彗星にいたときと同じ強さの霊的エネルギーの光を放っています。ところが魂にとって好条件のところにたどり着くと、本人の意思にかかわらず、例外的に突然光が何倍にもなることがあります。霊的エネルギーが増量するのです。だいたいは五十ワット、百ワットクラスが、社会構築にほどよいバランスで世界中に発生します。

好条件というのは、土壌、大気、草木などの豊かな自然が、人間が住みやすい状態になっていることです。やはり緑豊かな地球こそが、魂や人間にとって良い環境であるといえます。

好条件によって突然エネルギーが増量することは、うれしいことではありますが、個人にとっては注意する必要もあります。なぜなら、エネルギーが活性化することによって、生きるという面においては、快楽的に過ごすことが可能になります。そうして悦に入ると傲慢（ごうまん）な態度となり、霊的エネルギーが衰退に転じる恐れがあるからです。そうなるとせっかくのチャンスは無に帰すのです。そうならないことを切に願います。

魂にとって好条件の場所があれば、反対に魂にとって悪条件の場所もあります。

その場所を上から見ると人間の手相のように筋状になっています。堆積物の影響か、あるいは地質によるものか定かではありませんが、その場所を引き当てた人は、何かにつけて並々ならぬ努力をしなければ、悪影響から脱することは困難なのです。

例えば、シミュレーションで見てみると、アジアでいうなら北朝鮮付近がそうなっていました。何らかの影響で土地の地質とでもいうべきものが、悪条件になっているのです。それが原因で、人々の思考能力の妨げになっていることが判明しました。もちろんその他の国や地域の一部にも、そういった場所は存在しました。しかし、アジアの中でも北朝鮮の辺りが特に悪影響を受けている様子が、顕著に現れていたのです。そのため、思考の最終段階において、人々が導き出しているものとは、まるで逆の立場の作用がなされるのでした。その結果として人々は、望まない生活を強いられているのでした。

私は、何がこのような結果へと導くのであろうかと、その原因を探ってみることにしました。すると、驚くほど小さなものが、人々の脳髄に悪影響を及ぼしていることがわかりました。それは小さな砂丘というべきか、あるいは砂原とでも言ってよいほどのものでした。

霊魂彗星から位置を確認すると、国という意識はないながらも、強いて言うならば、中国と北朝鮮の国境を底辺として、中国領土内に正三角形を描いたその中に問題の場所はありました。マイナスの地相と言えるようなものが発する何らかの影響は、人々の生活を思いもよらぬ方向へ導く原因となっているのでした。全てにおいて不利な立場となるのですが、その悪影響から脱出する方法がありました。それは、砂丘あるいは砂原のようなその場所を緑化することでした。そうすることによって、全てが解決されるのです。それは人類にとって、それほどの負担となるものではありません。人力で十分に解決することが可能なのです。

今回、霊体が地球到着時に爆発的な状態で一際輝く霊的エネルギーが発生しました。アジア州においては、そこかしこに見ることができました。特に中国の辺りには、一キロワット級のとてつもなく巨大なエネルギーが、二十個も発生していました。アジア地域の魂の年齢が若いことが、影響を及ぼしたのかもしれません。橙赤の色鮮やかなエネルギーの発生に、私は喜びを隠せませんでした。

しかしながら何と言っても地球全体のバランスが必要となるので、とりあえずヨーロッパ州、北・南アメリカ州の担当者に巨大エネルギーがいくつ発生したのかをスタッフを通じて確認しました。その返事によると、アメリカには三個発生していました。

それを念頭に置いて、私の担当している地域を入念に見ていくことにしました。地球に降りて行った霊の流れ（霊気流）に沿って見ていきました。まず一番近いところからソ連に三個発生しているのを確認しました。次に先ほど述べた通り中国の辺りに二十個確認しました。霊体のたどり着いた場所をよく見ると、美しい緑が一面にあり、そこで一挙に光を増したようでした。中国の大地の豊かな緑、それが二十個もの魂に大きな影響を与えたのです。一度にそれほど魂の光が増すことは、めったにないことなので、喜ばしく思っていました。

その一端を見ていると、それほど大きなところでもないのに台湾に二個大きな光が輝いていました。その巨大エネルギーの影響により、台湾の人々のエネルギーは活性化して旺盛になるのでした。そして、島一面が光の輝きにより、とてもきれいに見えました。巨大エネルギーというのは、それほど周囲に対して影響力があるのです。

視線を少し北上させると、日本が見えてきました。しばらく見て全体を把握すると、日本にも一キロワット級の霊的エネルギーの光が二個存在し、輝いているのがわかりました。一つは関西にもう一つは四国にありました。ところが、四国にあるエネルギーは、光の衰えを感じさせていたのです。いわゆる燃えるような橙色の光は失せて、赤みがかって暗くなりかけていました。しかしそれでもなお、人々には大きな影響を与えつづけることが、判明しました。少し不安はあるものの、立派に存在確認ができました。なおも、北四国と福岡から山口、広島、岡山、神戸、大阪に至る瀬戸内地方を見ていると、この辺りが、土地の影響か、魂が活性化しやすいようであることがわかりました。魂そのものが、いきいきと活発な動きを見せていました。

結局、地球全体で三十個の巨大エネルギーが発生したことになります。アジア以外の巨大エネルギーの周辺への影響を見てみると、周辺にとても良い影響を及ぼし、全体から見ても悪い影響を与えないことがわかりました。心配ないと思い、手をつけずにそのままにしておきました。

アジアには思った以上に発生したので、その影響が少し心配でした。霊体は地球へ出発する際、霊的エネルギーの配分が適正に行われているので、特別なエネルギーが発生すると予期せぬ事態を招くことがあります。私はこれらがどのようになって、社会にどう影響を及ぼすのか、巨大な光をそのままにしてしばらくシミュレーションで様子をうかがいました。全体において良い方向に向かえばよいのですが、だいたいは発生したところにとっては良くても、全人類のことを考えるとそのバランスが難しくなります。それを確認して、場合によっては、エネルギーの配分を考え、配置転換しなければなりません。

映像は、どんどん未来を映し出していきます。中国の二十個の魂は全土にわたり、互いに良い影響を及ぼしながら一つの核となり、まとまりを見せて、国が良いバランスで栄えていく結果となりました。そして、止まるところを知らぬように経済発展を遂げるのでした。それは誠に結構なことでしたが、困ったことが起きました。中国が自由経済で世界を制する勢いになり、世界的に力を出せる立場になってきたことによって、それまで盛んに繁栄していた国々が、まるで反比例するかのように衰退の一途をたどることになったのです。特に隣国ソ連の経済が急に衰えをみせ、国民の生活が成りたたなくなってきました。政治は国民のもの、国民が困らぬよう経済をなんとかしなくてはと、ソ連の政治家は話を他国へもっていきました。初めは、アメリカにじかに助けを求めるつもりでしたが、日本とアメリカの友好関係を重視して、また日本の立場を考えて、日本に何とかならないかと話をもっていくのでした。もちろん日本ではどうにもならないので、アメリカと話してソ連に回答することになりました。日本、アメリカもソ連同様苦しい立場になりつつあったので、渡りに船といった様子でした。こうして、大国と言われる国々が手をつなぎ、中国の経済発展を阻止(そし)せざるを得なくなったのです。ところが、あまりにも中国の発展が進んでいたために手の打ちようがありませんでした。とはいえ、戦争に突入するという意識すらないままに、ソ連、日本、アメリカの三国で北海道のある場所から中国を攻める作戦が、国の一部の上層部の間で進められていくのでした。時は二十世紀終わりでした。

時を同じくして、日本の一人の女性が、旅先の海外で自分の思いを発したことがきっかけとなり、人類始まって以来の世界的な反核運動が芽生えました。

人間社会は、他国によって経済的精神的に苦境に立たされると、それを打開すべく相手国や他国との心の共通点を見いだして、一つになろうとする動きを示すのでした。また反対に心にゆとりができたときにも、そういった動きを示すことがあります。ちょうどそのときの中国と周辺国の状況がそうでした。そのために小さなきっかけから、反核運動に火がつき世界的な広がりを見せました。

先の第二次世界大戦の末期、日本はアメリカによって広島（一九四五年八月六日）、長崎（同年八月九日）と二回にわたり原子爆弾が投下され、多くの人々が悲惨な犠牲を強いられました。

日本人の多くはこのとき、何らかのつながりのある人を失いました。例えば、家族、親類縁者、学友、仕事関係者等です。中には外国人も混じっていました。この戦争に責任がある人間は、人々を一瞬にしてあのような死に至らしめたことに対して、我が身を責めると同時に怒りも伴って、二度と人類がこのような体験をしてはならないと痛切に感じていました。その思いが日本国内で反核の運動となって発展したのでした。それは、至極当然のなりゆきでした。日本では、国を挙げて核兵器の実験、製造、配置、使用などに反対の意思表示をしていました。しかしながら、政治的な駆け引きが念頭に置かれ、国益というものが優先されるので、結果として一向にらちが明かない状態でした。

そのような中にあって、普段は反核運動に力を注いでいる日本の民間の女性が、反核運動から離れるかのように、目的もなく海外に一人旅に出かけました。シミュレーションを見ていた私には、感覚的に国という意識はありませんでしたが、しいて言えば、モンゴル辺りでした。女性は、旅先の民間の宿で、気負うことなく、さりげなく反核について口にしました。その言葉が、宿の人の心に響き、心を捉えたのでした。そして宿の人は、反核の精神をごく自然のうちに人々に話しかけてゆくのでした。そこには利害関係もなく、ただ純粋に、核が人類にとってマイナスであるということだけ発せられたのです。核兵器が話題に出るような場所ではありませんが、それゆえに純粋に心を捉えることができたのかもしれません。

人から人へと伝わり、市民レベルの運動の展開が見られ始めました。モンゴルから南下した人が、中国の人々に流布（るふ）していくのと同時に日本からの働きかけもあって、中国全土に運動の輪が広がると、今度はソ連にも大きな力となって波及したのでした。

アメリカでも一般市民がソ連の動きをいち早く察知していました。国の事情があり、初めはわだかまり、迷い等が交錯している状態で、運動の展開が少し鈍い様子でした。しかし、一度浸透すると爆発的な勢いを見せたのでした。

この様子は日本においても願ってもないことだと日本国民の勢いも益々盛んとなり、国をあげての喜び事となりました。

そして、これらの動きによって、世界中が一つに結び付く様子を見せたのでした。人々は深層意識で地球の危機を感じ取り、争い事よりも平和のつながりを重要視しようという思いが芽生えたのです。人間の進歩の一つを見せた出来事でした。

シミュレーションを見ていた私にもうれしさが込み上げてきました。

全世界に影響を及ぼすような重大な出来事は、意外なようでありますが、えてして一般市民のさりげない意識の働きが大きな原動力となって、世界情勢を好転させる契機となり得るのです。

人生というものは、何事においても積極的な思いで生きることが、知らず知らずに幾百万の人々に貢献しているという事実もあるのでした。

一人の人間の存在は、自分が思う以上に重要な意味を持っているのですからおろそかに生きるべきではないのです。

また、それとは反対に一人の人間が思いもしないうちに世界にとって悪影響を及ぼすこともあるのでした。

誰しも、人類が滅亡するときは、核戦争だと信じて疑わなかったのですが、実際には、そうとも限りません。

反核運動が世界規模で行われたにもかかわらず、皮肉なことに、今回のシミュレーションによると核ではなく、一般市民の遊び心から作られたものが人間の想像をはるかに超えた兵器となり、地球に破壊をもたらす結果となるのでした。

本当の危機とは、人々が予想すらできないところで偶発的に襲いかかるのでした。

三国の話し合いも十分に熟成されないまま着々と中国を攻める準備が進み、半信半疑ながらそれを決行しようとするときに、人類にとって大変な発明が偶然になされるのでした。

折しもコンピューター社会にあって、好奇心旺盛な人物が何か自分の求めるものも定まらず、情報の中でさまよい迷走しているときでした。

日本の関西にある小さな町工場で、それは作られました。工場を経営している社長は、創造力が豊かで、人並み外れて好奇心旺盛な人物でした。その日もいつものように、コンピューターの端末機を何げなく触っていると、偶然にも軍事機密のホストコンピューターへアクセスすることができたのです。警告は出ていました。とても中に入ることなどできないと思いつつ好奇心から適当に打ち込んでいると、またも偶然に的中して、中にまんまと侵入することができたのでした。当の本人は驚きましたが、ひるむことなく、自分が必要とする情報を抽出しました。そして、持ち合わせた構想と機密の一部を見て得た情報によって、一つのものを図面化して仕上げていくのでした。本人も気がつかないうちに、今までにない新たな破壊力の兵器となるものを作り出していたのです。五十人から百人足らずの町工場が、世界の人類の半分を滅ぼすほどのものを作ってしまったのです。それは、地球の安定を著しく害するものでした。何人かの従業員も協力して、それをいつでも作ることができる態勢が整ってしまいました。その人は、好奇心を満たすためになかば面白半分というか、作らずにはいられない心境になり、私財を投入して大量にそれを作ってしまいました。作ったものにどれほどの威力があるのか、試したがってはいましたが、実験するわけにもいかず、そのような危険なものを工場の空き地に山積みにして、雨ざらしで放置していました。

一つの物が新しく作り出されるのは、ほぼ時を同じくするものです。町工場の人が作り上げた少し後に、どこからかこの情報を得たらしく、今度はこの兵器の研究が、関西のある大学の研究グループによって科学的に推し進められることになりました。すぐに設計図は完成し、こちらでもすぐ作れる状態にまでなってしまいました。ところが運が良いのか悪いのか、大学の研究グループの中にサブリーダーとして中国の人がかかわっていたのです。彼は、自分自身が中国人であることを忘れるほど日本を心から愛していました。当然のごとく日本を大切に思い、この国で一生を終えると思っていたほどでした。しかしこの研究に携わるうちに、ひょっとして今の国際情勢からすると母国中国でこれが使われるのではないか、という思いが彼の脳裏をかすめたのです。その兵器の威力がどのような影響を及ぼすのかを考えると、危惧（きぐ）する心が湧きました。彼は、黙って見過ごすわけにもいかず、随分と悩み葛藤した末に、中国人の多くの人が死に至る可能性が大であると判断を下し、我を忘れて中国に知らせるという行動に出ました。

町工場で作ることができるくらいですから、知らせを受けた中国でも簡単に作ることができました。ですがその時点では、そのものが大変な武器になるとは、誰も認識していませんでした。ただ一部の人が、今までの兵器にない破壊力があるのではないかと考えている程度でした。

そのものは、どのような形状で、どのような破壊力なのか。こちらもシミュレーションで見ることにしました。まず形状は、一般家庭で使用されているプロパンガスの十キログラム容器とよく似ています。それが地中に潜り込み、表面の地層を抜けて岩盤までたどり着くのです。岩盤に着くと爆発して、表面の地層部分がめくれ上がるほどの威力を出します。このことは、軍の関係者にも伝わり、一度試したがっていました。

そのようなときにちょうどソ連、アメリカ、日本の間で中国にいかに対処すべきかが、話し合われていたのでした。このときの状況は、それまでの戦争とは随分と違いました。急を要したできごとだったのです。急きょあの兵器を使ってみようという動きが発生しました。その話し合いをしている中に戦争を好む人がいて、ほんの少し驚かす程度で使ってみようと軽い気持ちで提案したのでした。

人類にとっても、またそれぞれの国にとっても、一分一秒が非常に大事な局面でした。にもかかわらず、国の管理態勢は機能を果たさず、ただ右往左往するのみでした。そして、あの兵器を使うというとんでもない決断がなされたのです。

あまりに不備な出来事なので、私は念のためにその原因に注目してみました。完璧なまでに管理態勢が整っているはずのものが、その機能を果たすことができなかったのです。機能させるために、関係している人々に懸命に連絡を取ろうとしますが、徒労に終わってしまったのです。

一番責任を取るべき人は、ゴルフ場において楽しそうに遊びふけっていました。一大事が起きていようなどとは、夢にも思っていないという有り様でした。ナンバーツーの人に任せていたので、自分がいなくても大丈夫であるという安心感があったようです。そのためか連絡も取れない状態でした。任されていたナンバーツーの人も異変が起きていようとは思いもせず、仕事ということでありましたが遊びを兼ねていて、すぐ連絡が取れない状況でした。

一時のこととはいえども、決断を下すことのできる人が、任務にあたることができなかったのです。しかしながら、あまりにも重大な責任が生じるので、誰しもたじろぐのでした。肝心な人たちは手がでない状態で、つまるところ国として責任者以外の人、兵器を扱う専門職の人に決断がゆだねられようとしていました。それでも何とか責任者と連絡を取ることができたのですが、結局返ってきたのはなま返事のみでした。仕方なくごく一部の人によって実行されることになりました。決断を下した人は、その破壊力を軽んじていて、軽い気持ちで使ってみようと思っていました。誰しも地球が緊急事態にあるとは、思っていませんでした。

こうして、この兵器を中国と日本でほとんど同時に埋設し、その結果が誰も想像し得なかった、人類の半数近い二十億の人々の死へとつながるのでした。

そのときの人類は、経済面ではやや苦しくなっていたものの、多くの国の人々が、自分たちは幸せであると思っていたのでした。しかし、何も思うこともできないまま、瞬間にして二十億の人間が霊魂彗星に帰って来る有り様が、シミュレーションに映し出されていたのです。

その有り様は、すさまじいものでした。地球の表面を覆（おお）っている地層約五十メートルから七十メートルの厚さのものが、めくれ上がってはロール状になって、全ての物を破壊し生命を奪っていきました。

あまりにも瞬間的な出来事で、関係国以外の約半数の生き残った人々の中に、このことを人的な出来事と思う人はなく、想像を絶する大地震によるものと理解しているのでした。肉体を失った霊体も、生活に携わる人々の全てが一瞬にして様変わりしたので、自分たちが死に至っていることを二、三年かかって理解し始めるようでした。そこかしこの会話で、我々は死んでいるのではないか、というように気づき出すのでした。

このとき地球に与えた影響は想像を絶するほどで、地球の存続が危ぶまれました。平静を保つのが限界でした。しかし、皮肉と言うべきか、生き残った人類、主に発展途上国の人々は、しばらくは立ちすくむ状態でしたが、次第に人間としての生命力の復活を見せ始めたのです。徐々にではありますが、幸せそうに生き生きと暮らし始める様子がうかがえました。その様子を見ていて、二十億の人間と他の生物の死、これもいたしかたないのかと一瞬思ったときのことです。

銀河の本部から霊魂彗星の私のもとに緊急連絡が入ってきました。本部から得た情報によると、星の一つが爆発して、地球では明るい光程度にしか見えないはずだったものが、予想をはるかに超えた時間で、地球に急接近するということでした。あらかじめ役員会議で議題に上ってはいましたが、時間的にはまだ先のことで、ゆとりがあるものと思っていました。予想もしないことでした。突然の隕石衝突をシミュレーションで見ることはできませんでした。北極に近いところに衝突の恐れがあるので、注意するように促されました。素早くシミュレーションで本部の指示通りに北極を視点として合わせてみると、確率は二四%となっています。前回と同じ確率でしたが、以前より緊迫感が高まり、かなり高い確率であるということを改めて痛感したのでした。

念のため、どのくらいの地球上の人間が、このことをあらかじめ察知することができるのか見てみると、わずか二人の科学者のみでした。しかし、その二人の科学者からこのことを聞いた他の科学者は、あり得ないことだと言って薄ら笑いをうかべていました。

もしこの隕石が地球に衝突するようなことがあれば、地球はかなり不安定な状態になってしまいます。仮に地球上の人間が半分になったとしても、霊魂彗星に戻って来てまた生まれ変わることになるので、さほど驚くこともないのですが、全滅してしまうとなると話は全く違ってくるのです。全滅すると、生まれ変わる肉体がなくなるので、再び肉体を求めるとなると、永遠とも言うべき時間がかかることになるのでした。そのようなことは、絶対に避けなければなりません。

このことにより、先ほどシミュレーションが映し出した地球上の出来事を放置しておくわけにはいかなくなりました。私たちの阻止する力が及ばず、隕石が地球に激突してくるとすれば、人類が地球を痛めつけるときと、時を同じくするのです。そのようなことになると、銀河のオアシスである地球が危ない。これは、躊躇している場合ではない。直ちに二十億の人間の死を回避しなくてはなりませんでした。

そこで兵器発明の要因となった社会情勢にならないよう、中国の巨大エネルギー、一キロワット級の魂の移動を余儀なくされたのです。時間的にもそれを行うことは可能でした。二十個のうち八個を移動させることにしました。強い指導力を発揮する要となっている魂を移動させて、全体の力を落とし、目覚ましい経済発展の速度を制御する必要に迫られたのです。そのために移動が必要な魂は、最低でも八個でした。

私はシミュレーションから少し離れて、実際に事にあたるために、特殊な道具を手にしました。それは、魂の移動をさせるのに最も都合のよい、特種なエネルギーの出る棒状の道具でした。その如意棒（にょいぼう）のような道具からエネルギーの束ねを発射することによって、魂をつまむことができます。それで、経済発展に主要な役を果たす人の魂をつまみ、移動を始めました。肉体がつかぬうちに素早く動かしては、様子を見てバランスを考えました。重大な要素を増してきていたので、懸命に事にあたりました。しかし、ここ何回となく地球に出ていたので、少し不慣れになっていました。そこで、金が私のことを気遣って、そばにそっと付き添ってくれました。

八個の魂のうち七個は、周辺諸国にバランスよく分散して置きました。最後の一個は中でも一番勢いが強くて、人々の心をうまく引き付けることによって、社会全体が発展する様子がうかがえる魂となっていました。これは日本へ運ぶことにしました。なぜなら、日本には既に巨大エネルギー二個が存在していましたが、そのうちの一個である四国の魂が少し色あせて、勢いに衰えを見せていたからです。夜空の暗い中で魂の輝きは、鮮やかでした。肉体がつかないうちに素早くしなくてはと思いながら大阪の豊中まで運んだのでした。

八個の巨大エネルギーの魂を人類が進歩するのにふさわしいと思われる位置に、ほどよく分散し終わりました。後はこれらの魂がどのような動きを見せるのかシミュレーションで確認して、バランスが悪ければ再配分しなければなりませんでした。しばらくは、様子を見ることにしました。特に大阪に置いた魂が気になりました。大阪に置くことによって、西日本でもとりわけ瀬戸内の霊的エネルギーが活発に動いて、経済が著しい繁栄をとげるのでした。それに引き替え東日本の動きは、経済が滞り衰退し、発展に大きく差し支える状況でした。これでは全体的に見るとバランスが悪く、大阪の魂を東京へ移動させるしかないと思いました。他のところに配置した魂も気になり見ていると、金が、

「早くして下さい。」

と急がせるのでした。そこで急いで大阪の魂の移動を試みました。ところが、慌てたこともあって、私は失敗を重ねてしまいました。

一つ目の失敗、それは魂を大阪から東京へと思い急いでつまんだのですが、距離感を誤ってしまい、如意棒のような道具から出るエネルギーの束ねの先端の一部を山肌に接触させてしまったことでした。少し山肌を傷つけてしまったようで、その弾みで魂は目的地東京に行かず、私の持っていた道具から離れて飛んで行ってしまったのです。少し慌てましたが、山を飛び越えて日本海側に行ったので、拾おうとしました。しかし、その場所でも何とか育っていき、後に東京に出ていくことがわかったので、そのままの状態にしておきました。

彼はやがて東京に出て行き、大きな仕事をすることになるのです。しかし、あまりにも勢い（エネルギー）が強い魂なので、不完全燃焼を起こしやすいのでした。色で言うならば橙赤で、煌々たるものです。肥松を燃やすと火力はありますが、燃えることができない

部分から煙がひどく出ます。魂の場合も、そのようであるとあまり世の中に良い影響を及ぼさないのです。そこでエネルギーがある程度までいくと、それ以上全開しないように制御されるよう試みました。その結果、日本の発展という意味では、約五年の遅れが生じたものの、二、三百年くらいは、日本発展のために非常に役に立つ人となるのでした。その際、霊魂彗星に帰らず、寿命としてはそれほど長くはないのですが、地球上で四、五回ほど転生して、日本の発展に寄与するように細工を施しておきました。従って、日本は彼の転生期間中によほどの失敗をしない限り末長く繁栄することになります。そういう思いでいると、金に二つ目の失敗を指摘されました。

二つ目の失敗、それは大阪の魂の移動を試みたとき、すでに肉体が宿っていたことでした。つまり人間として生まれていたのでした。金に、

「その場所をよく見て下さい。」

と言われて、私は注意してその場所を見ました。魂を仮に置いたつもりが、地球では二年くらいの歳月が流れていたようでした。すでに立派な男の子として生まれていたのです。私にとっては、前後の子細を知ることは造作ないことなので、もっとじっくり見ることにしました。

大阪の豊中にある旧家で、家庭的には裕福でしたが、なかなか子どもに恵まれない夫婦

の長男として生まれていたことがわかりました。親子三代仲むつまじく、喜びに満ちあふれた生活であったことがうかがえました。結婚して五年目くらいに待望の子どもにやっと恵まれ、若妻はこの上ない喜びに満たされていました。ところが私が魂の移動を図ったために、一転して悲しみの葬儀の場面となったのです。魂を戻すわけにもいかず、かわいそうなことをしてしまいました。もう少し早く手を打つべきでした。旧家の大きな家の周りは、しきびで埋まり、最大の悲しみが見てとれたのでした。葬儀に集まった人々もみな悲しそうでした。特に若妻が狂わんばかりに嘆いている場面をいやというほど見入ることになりました。

「なぜ、私がこんな目にあわねばならないの。」

と嘆いている姿が私に重くのしかかりました。人類全体のことを思い、速やかに仕事をこなしたつもりが、個人の幸を踏みにじってしまったことに心を痛めました。この国全体の繁栄に欠くことのできない魂であるから辛抱して下さいという思いでした。金と顔を見合わせました。金は、もう少し動作を機敏にして下さいと言いたげでしたが、

「致し方ないですけれど。」

と少し慰めの言葉をかけてくれるのでした。

私は、ようやく巨大エネルギーを持つ魂の配置を終えました。

ただし、巨大エネルギーの持ち主である彼が死後、生まれ変わって二十歳から三十歳になるくらいまでは、事実上、本分を発揮することができないことになるので、不安定にならないようにそれまでのつなぎの期間が大事です。このことは、日本に限ったことではないのですが、よう手立てを打たねばなりませんでした。しかし、それも心配することのないよう手立てを打たねばなりませんでした。

日本は、人類の漸進的な発展には要となる要素を持っているので、全人類からすればわずかな存在ではありますが、安泰を図る必要性がありました。

今回は、幸いにして、その間を補う優秀な人材の誕生が見られました。中国地方で誕生したその人は、政治家として重要な役割を果たすのでした。私は、金に、

「この人間の存在確認が、一目でできるように額に目印をつけておこうか。」

と話しかけました。金は、

「そのようなことをすれば、立派になる要素があるがゆえに、幼いうちに人々によって潰（つぶ）される可能性が生じて、何の意味も持たなくなります。それは、やめるべきです。」

と言うのでした。なるほどと納得して、そのままの状態にしておきました。

シミュレーションで時代を先に進めて、日本の状況を見ていくと、よほどの失敗がない限り世界的に見ても劣ることはなく、むしろ世界をリードする役割を担う立場となり、安

泰であると判明しました。

なおも見ていると、霊的エネルギーは、さほどではありませんが、際立つ一人の女性の存在がありました。その女性は、何くれとなく献身的に国のために役立とうとしていました。

国の政治を司る場所に存在する人々は、やはり霊的エネルギーの強い人たちの集合体となっていました。その中でもエネルギーのより強い者の頭脳が集団化することによって、エネルギー的には、赤色の霊的エネルギーが束ねとなって、その場所に輪のように光を放っていました。このエネルギーの束ねに何らかのつながりがないと、容易には政治の世界に入ることができないのが、判明しました。

前出の女性は、素晴らしい働きをするにもかかわらず、徒労に終わることがわかり、少し報いてやりたかったのです。それを生かすためには、つながりを持たせる必要がありました。そこで、赤いエネルギーの束ねに接続を試みました。私はちょうど、私の地球での人生設計に不安を抱いていたときでもあったので、もしものとき何らかの力になってくれればという思いもなくはなかったのであります。

中東方面がいささか気になっていたので、そちらの成り行きを知るために、再びシミュレーションで未来を見つめました。中東は暫定的な態勢として、通常の転生とは異なった特別な措置を講じています。臨時の出入り口を設けていて、すぐに転生できるようになっているのです。しかし幾度繰り返しても、らちが明かないので、通常の転生者の中で有望な人、例えば私は一国を治めたと自負する人を新たに投入しました。ところが、なおさらのように混沌（こんとん）とします。本来の姿である一体になって平和になりたいという思いは、なかなか成立しないのです。

人間は、肉体を持つと拘りに支配されて、本来あるべき姿を見失ってしまうのです。それゆえにますます確執が生じて、平和が見いだせない状態に陥る結果となるのです。

そうして、この状態が続くとどうなるのかということを象徴したかのような映像が映し出されました。

度重なる戦争が終わりを告げたのか、誰もいない、何もない、砂漠化してしまった場所に大型自動二輪車二台を先導につけた黒塗りの高級車が、砂煙を立てて走り去って行きました。戦争に直接かかわらなかった国の人が、視察に来ていたのでした。

私は心寂しい思いがして、このような状態にはさせないと決意するのでした。

中東に降りて行く人たちは、戦いのため三日間（九十年）の旅というわけにはいかず、死ぬとすぐに霊魂彗星に帰って来ては、また行く。ピストン運動というか、休む間もないのでした。それは、戦いです。若き人々、女性、子ども、皆貧しいながらも心は清く、たくましいのです。しかしながら肉体を持つと、霊魂彗星での思いを必ずしも成し遂げることができないのでした。

人類がこのことに気づき、緑の大地が作れるようになれば本当によいなと思うのでした。私が地球に行っても、霊魂彗星の友が困ることのないようにしておきたいと思いながら、シミュレーションを見ていました。

輝きの巨大な魂が多数できた中国は、どうなるのか。八つ移動したために、経済発展の動きは減速されました。しかしそれでもなお順調に発展していました。巨大エネルギーを持つ魂は中心となり、国の人々に影響を与えていました。国の人々が、急激な発展に右往左往している様子が見て取れましたが、これには手を加えませんでした。

国の重要人物に立候補する人はどのような霊体なのか

シミュレーション画面から少し目を離していると、一人旅で、

「私は、あそこへ行く。」

と言いながら、私に相談を持ちかけてきた人がいました。その人が指示する場所は、そ

の国において重要な役割を担う場所の一つでした。

社会全体に大きな影響を及ぼすところに行く人は、私たちに承諾を得に来るのでした。このときは、そういう人々が後を絶つことなくやって来て、アドバイスを請うのでした。おおむねの人は、自らが決めたところに変更なく進むので、温かく見送りました。

しかし、その人は違いました。

「あそこに行けば、自分の思いのままになる。」

と言うのです。見るからに乱暴そうな態度でした。しかしながらそのエネルギーは、五十ワットと強かったのです。

人を動かすのに、エネルギーが強いということは大切な要素ですが、それだけでは国のまとまりに大きな影響を与える仕事につかせることは、できません。輪廻転生の際、あらゆる経験を大切にすることによって、人間的に熟していること、そして優しさが滲(にじ)み出て度量の広い人、そういう人が適切なのです。

その人をあらためて見ると、エネルギーは旺盛ですが、未完成で思いやる心が不足していました。とてもそのようなところに行かせるわけにいかず、私は、

「そのようなことをさせるわけにはいかない。どこか他のところに生まれるように。」

と助言をしました。するとその人は、別のめぼしい立場の人間を探し始めました。

霊魂彗星で親を選ぶ際、通常は経済的なことをあまり考慮しないものなのですが、彼はあらためて、拝金主義者で羽振りを利かせている人を親として指示するのでした。それとても少し不本意ではありましたが、国にそれほど悪影響を及ぼすところではなかったため、許可を出しました。その人は、資金力を使って生きがいを見いだすと、張り切って進み行くのでした。

単独で行動する人の中には、グループで行動する人と違い、行動力があることも加わり、多少枠から外れたような行動をする人もいます。それは、互いに戒め合うといったことがないためかもしれません。しかし、もちろんのことながら、悪いことをしてやろうと思っているわけではありません。ただ少々自我が強く、表現が赤裸々なだけであります。

なにぶん私たちも忙しい立場であるために、一人一人にゆっくりとアドバイスする時間がありませんでした。そのために、だいたいは個の選択に任せていました。

今、変更を促した人と同じところを次の人も望んでいました。ところが先ほどの人とは違って、穏やかで思慮深そうで徳があり、これは適任であると直感しました。念のためにシミュレーションで影響力はどうであるか調べてみました。人間社会の調査では、支持率が八五%となっていましたが、シミュレーションでは九七%と出ていたのです。その差異は、自分とは場違いな存在であると諦めの心境であることが判明するのでした。なお彼には、弱者と称される人への思いやりの心ゆき、いわゆる福祉の心が芽生えていることが、私には読み取れたのです。全体的に人々の支持を得て、受け入れられていました。これ以上適している人を当てることはできないであろうと思い、希望通りにしたのでした。彼は、感謝の意を表して、それではと言ってこの場所を去り、アジアの降り口に向かって静かに進み行きました。

男女の比率調整装置——人類を平和へと導く黄金比「男六・三対女三・七」

第二シミュレーションから少し離れて、男女の比率を調整する装置を見に行くことにしました。なぜなら、男女の比率が現状の社会体制にふさわしい状態であるかどうかが、気になっていたからです。男女の比率といっても人数のことではありません。強さや一義的な能力などのことです。

男性と女性の比率は、ここにある装置を使うとひと目で見ることができます。その装置は無造作に置かれていますが、地球上であるならば幾重にも厳重に守り固められるほどのものです。この世の男女、雄雌、ひいては地球上のあらゆる生命体にとって、とても重要な装置なのです。これを用いることによって、宇宙エネルギーあるいは太陽エネルギーが、地球の男女に与える影響力をコントロールすることができます。大きさは、家庭用洗濯機二台分くらいで、横に長く、長方形になっていて、その縦横の比は、黄金比（ほぼ一対一・六一八）になっています。前面は、少し前下りに傾斜しています。装置の前に立つと、奥に大きな時計のような丸い台があり、一から十までの数字と針がついているのを目にします。通常その針は、男性六・三、女性三・七を指しています。それが最も安定した社会を作り出す数値なのです。

その前には、男女の比率を変えることができる反応釜のようなものがあります。洗濯機の回転ドラムを大きくしたような釜の中には、色の異なる二液が入っていて、穏やかな層流をなしています。この二液は、男女の心髄が液状化したようなものです。釜の前方部分にある羅針盤のようなダイヤルを徐々にまわすと、比率に変化が生じるようになっています。その比率を変えると、二液の層流が直ちに変化します。女性の比率を上げると、たちまち変化が生じ、中の動きが激しくなり、動きが激しくなるということは、社会が大きな変化へと導かれ、結果として地球の政情が紛然たる様相を呈するということなのであります。すなわち、人類が戦うことで明け暮れる状態に陥るのです。

そうなることを避けて、人類が安定した静穏な社会で発展していくためにふさわしい数値が、男性六・三、女性三・七なのであります。

偶然なのか、あるいは潜在的に備わった数値が心の安定を保つことができるためか、この数値は、物が美しく見えるとされる黄金比に近い比率となっています。長方形でいうと短辺と長辺の比が一対一・六一八に等しいものが最も調和がとれて美しいとされ、この比率が黄金比と呼ばれています。男女間もこの黄金比に近い数値が一番調和がとりやすくなっているのです。この数値は、一義的には、男性が優位なように見えますが、精神面等を加味して総じて見ると、ほぼ男女間の格差はなくなります。

私がこの装置の近くに来ると、私の行動を見計らっていたのか、わざわざ遠回りして女性の代表といわんばかりの一行がやって来ました。その中に、その場にいた女性スタッフには目もくれず、私のところまで一気にかけよってくる女性がいました。少し興奮しているようでした。そして、近づくなり、

「男性と女性には、あまりにも差があります。女性の力が弱すぎるのです。これを何とか直していただきたいのですが。」

と訴えてきました。

そこで、男性が一方的に強いように思えますが、持久力、体力、知力、精神力等々総合的には、男性と女性は、バランスがとれていることを説明しました。しかし、なかなか納得してくれませんでした。

そして、

「別け隔(わへだ)てしないで、対等な立場にして下さい。何が何でも男女は同じにしてもらわなければ困ります。」

と粘り強く主張してきました。

このことが、全てにおいて大事なことであるのは百も承知ですが、その時代時代において調整を施し、争い事が少なく、平和がより長く続くようにされているのです。ここしばらくは、数値を変えることなく、魂の配分においてのみ、平和をはかっていました。

女性が納得してくれなかったので、仕方なく一時的に男女の数値を変えてみて、反応釜の中の二液の状態を見てもらうことにしました。女性の数値を上げていき、男女の比が近づくと流れが変化し始めました。それは、地球上の全ての諸動物の動きに微妙な変化が現れ出したということなのです。特に人間の男女の動きに顕著に現れるのでした。反応釜の二液の状態が、地球上の男女間の状態を表しています。反応釜の中の動きが活発になると、社会全体の動きが活発になります。活発になるのは、よいことですが、男女間のやりとりが激しくなり、無駄な動きも加わって、ひいては、争い事が絶えることなく湧き起こるということになるのです。反応釜の中は、乱流となって激しい動きを見せました。

これは段々激化していくと、行き着くところ戦争への道につながり、世界のあちこちで戦争が起きて、最後には世界戦争となる様子を表していました。

女性は、流れの状態を見ながら私の説明を聞いて、今のこの状態が一番平和が保たれる割合になっていることを知ると、ある程度納得したのか、先ほどの勢いは、どこかに消え失せていました。

しかしながら霊魂彗星において、霊体となってまで不平不満を訴えるということは、皆無に等しいことです。にもかかわらず、ここまでやって来るのですから、調整を試みるに値するであろうと思い、数値の変更をわずかではありますがいくつか試みました。その結果、男性が六、女性が四という数値に変更してしばらく様子をうかがうと、流動の変化が許容範囲内で大きな変動が起こらなかったため、そのように変更したのでした。

女性は、ある程度満足したようで、私に軽く挨拶を済ませると、急ぎながら大勢の女性の待つ方へと戻って行きました。

男性と女性は、和を尊びながら一定の力の法則の上に成り立っているのです。それは、一義的には男性が優位であるかのようですが、相対的に見ると、女性は耐える力が優位であることなどから互いに必要性が生じて、ここに愛の原則が内在するということになるのです。

愛は、この世の生を終えても、霊魂彗星にあっても失わない感情です。霊魂彗星では、嫉妬、憎悪といったマイナスの意識がいっさい働かないので、いわゆる純粋の愛ということになります。対象となる相手が変わることはあるかもしれませんが、愛し愛されたいという気持ちは、変わることなく続くのです。

霊体であっても愛する心や思いやりの心が働き、抱擁したくなるという衝動に駆り立てられることもあります。しかしながら如何せんこのとき、愛を受け止める肉体がないということに気がつきます。それゆえに互いの思いは募り、その結果、来世で共に生きようといった約束事や生まれる場所等を話し合う人々が、かなりの割合を占めることになるのです。そして、人間となって肉体を持つことを待ち望んでいるのです。

男と女が共に社会で生きるということは、最高の条件をもってしても、男女の性質の違いにより、理解しがたい部分が芽生えてきます。ささいなことに促われることによって、自然発生的に摩擦が生じます。その意識のせめぎ合いから芽生える争いの核が、戦争へと導く要素となり得るのです。

男女の比率をひとたび崩すと、絶え間なき争い事が勃発しかねません。そうなることを避け、人類の平和の営みを少しでも長く持続するように願って、男女の比率の適切な調整にあたらなければならないのです。

和平実現のために日本の重要人物が中東へ

反応釜を後にし、再び第二シミュレーションへ戻る際、遠くで任務についていたスタッフに呼びかけられました。振り返ると、〈図5〉から〈図8〉を通って十人程度の部下と共に馬にまたがり血気盛んにこちらに向かって来る人がいました。本人は、さほどでもありませんが、部下の人は世界広しといえども我々に従わぬ者はいないはず、というような威張り散らした横柄な態度をとっていました。

スタッフが引き止めて説明しようとしていましたが、なかなか強引な様子でした。二人がかりでなだめていました。

「ここは、いったいどういうところだ。」

と聞いていました。死後どこかをさまよっていたのか、それともようやくたどり着いたのか、やや焦りぎみでここへ来たようでした。中間での死後教育の過程をとばして来たようで、まだ何も理解していませんでした。そこでスタッフは、私のことを話しているようでした。

「あちらにいらっしゃる方は、あなた方の行き先のことや地球全体を見ていらっしゃるのです。」

と言って、私の周囲のエネルギーを見るように言っています。すると、

「特別なことは、ないのではないか。」

と尋ねていました。普通の人は頭部の少し上の部分に橙色のエネルギーが、人によって五ワットクラスから三十ワットクラスと大きく四段階に分かれて輝いています。しかし、私の場合は違っていました。

「あれをごらんなさい。普通の人たちとは違って巨大な光なのです。」

スタッフの言葉がわかったので、私は少し動いて見せました。一キロ四方にも広がっている光の中に私がいることを初めて知ることができたようでした。わかれば早いもので、

「私たちのような者が行って、役に立つところはどこですか。」

と私に尋ねてきたのでした。そこで、

「それは、砂漠化が進む中東の方です。」

と答えました。地球の動きをかいつまんで話し、様子を見せると、中東の方が絶え間なく戦いが続き、人々が安らぎを感じることすらできず、憂慮しているのがわかったようでした。すると彼は、何のためらいもなく、

「そちらに行くことにいたします。私は、その場所に行き、私の力で平和な社会が築ける

ようがんばります。」

と供を連れて、中東方面に素早く進んで行きました。

その様子をうかがっていたのか、中国から馬賊のような一行三十人がやって来て、すぐさま同じように中東方面を目指して進んで行ったのでした。

今、人類は一段上へと進歩のとき――霊魂彗星が科学で証明される

また、金と二人になったので、再びシミュレーションの映像をじっと見ました。

すると突然三人の科学者が、真剣な眼差(まなざ)しでコンピューターに取り組む姿が映し出されたのです。シミュレーションにこのような画面が出てくるということは、重大な意味があるはずなのです。しかし、シミュレーションには、思ったことに対しての答えが映し出されるので、私が、霊在意識の片隅で気になっていたことが映し出されたのかもしれません。

画面に映し出された前後の子細を見て取ると、科学者たちは、重要な情報を得たらしく、それにふさわしい学者のチームを編制していました。重要な情報、それは霊魂彗星の存在とその方向、距離等についてでした。国ということを意識して見てみると、アメリカ、インド、日本の三カ国の生命科学者三人に幾人かの助手がつき、十数人というチームです。

結集した場所は、日本でした。あか抜けた建物の中にあるガラス張りの清潔な研究室で、各々の知識と重要な情報をもとにコンピューターに入力して、最終の結論が出たところでした。このとき、研究室内には、三人の学者の他は誰もいませんでした。データは三人三様でしたが、答えは、同時に同じものが出たのです。緊迫した空気の中で、互いに顔を見合わせていました。なぜならその答えが、今までは宗教の領域と思われていたからです。そしてそれが、科学の力によって証明されることになるからでした。

このとき、シミュレーションを見ていた私は、一瞬身構えました。今はまだそのときではない。人間社会の構築に進展が見られない状態であるにもかかわらず、このような研究の突出は、結果として人間社会にパニックを引き起こすだけであります。もし、三人が世間に発表するということになれば、発表を阻止するために霊魂を移動しなければなりませんでした。すなわち原因不明の死ということになるのです。

ところが三人の科学者は、無言のうちに時期尚早であることを悟り、結果を破棄することにしたのでした。三人の科学者の処置は正しかったのです。そのおかげで、彼らの魂を移動することなく済んだのでした。

このとき、もし魂が移動されていたら、人並み外れた科学者たちの魂は、どうなっていたのか。三日間の努力の旅は、まだ残っているので、霊魂彗星には戻らず、近いところで再び人間として生まれてくることになります。しかし残された歳月は短く、天才的な者として、その一生を終えることになるのです。天才の若死にというのは、こういった場合に起こるのです。

霊魂彗星は存在しているにもかかわらず、現在は科学で証明されていません。もしものときのように人間の肉体の一部、例えばＤＮＡの全てを解読して、プラスアルファでそこに秘められたものを発見することができたなら、生命体の根幹である人間存在の由来、そして人間の肉体以外の霊的な存在をその道の科学者たちは知ることになるでしょう。すなわち、魂および霊魂彗星の存在を具体的に知ることになるのです。周期、方角、距離等の判明も可能になることでしょう。しかし、現在の人間社会の状況を見ると、時期尚早であるということが霊魂彗星にいるときには、一目瞭然なのです。

それでは、今の社会において霊魂彗星について科学的に知ると、どういった状況を引き起こすのでしょうか。人間社会は、しばらくの間は、世界的にパニックに陥りますが、しばらくすると冷静を保とうとします。次の段階として、そのようなことは、あり得ないと否定の行動へと移りゆくのです。そして、その情報の発信元を疑い、一部の学者の言うことは信用できない、精神異常であると、レッテルを張るという行為に出ます。それでもおさまらないときには、学者を抹殺してしまうという結果になるのでした。

社会は、よりアンバランスをきたし、マイナスの現象を見せます。平衡感覚を失った人々は、過去の歴史をおもんみて、保守色を強めようとします。そのこと事態は、なにも差し支えないのですが、何分一部の科学の飛躍的な進歩に対し、肝心な人間の本来あるべき姿になっていないのが問題なのです。歴史の重視のみでは、人間本来の生きる道をはかり知ることは、不可能な事態となっているのです。

霊魂彗星で知り得た人間社会のレベルは、全体レベルを十段階の数字で表すと、レベル二を一進一退といった状態です。いうならば、全然進歩していないということになります。しかし、科学などの一部は、レベル四を過ぎる勢いを示しているのです。中でも医学は、もう少しで五になろうとしています。しかしこればかりが進歩してもあまりよいとはいえません。なお一層の意識の向上をはからねば、科学との均衡が保たれなくなり、結果として、一部の人間が社会を支配することになり、大多数の人々は、人間の価値を見いだすことのない人生を過ごすことになります。そのようなことになれば、人生の課題を成し遂げることができなくなる上に、霊的エネルギーの増量も見込めなくなってしまいます。これでは、生まれてくるということが、宇宙にとっても人間にとっても意味のないことになってしまうのです。

そこで、私が生まれて、思い出す必要がありました。私は、思い出したことを伝えなければなりません。そうすることで、人々に予備知識を与えることができるのです。それが、私の人生の目的なのであります。

今、人類は一段上へと進歩するときが来ているのです。パニックに陥らないためにも過去にない新たな予備知識が必要です。その予備知識をもって徐々に浸透してレベルアップしなければなりません。

肉体を得たときに、本来あるべき姿を思い描き、社会においても差別意識をなくして、共生意識に立ち戻ったとき、そこには霊的エネルギーの法則が内在しているので、自ずと秩序ある社会が構成されるのです。しかしながら、潜在的に備わっている個々人の課題を成し遂げようとする意気込み、すなわちエネルギーが、間違った形で他者に向けられると、攻撃的な力となり、内在された法則が歪(ゆが)められて、差別意識へと変わります。価値観が履き違えられたまま解釈されるようなことが是正され、社会全体のレベルが上がれば、霊魂彗星が科学で証明されても正しいものであると自然に受け入れられる日がきます。今のままで科学が進んで霊魂彗星を探そうとしても、人間社会のレベルが上がらない限り、つきとめることは、できないようになっているのです。

私のエネルギーを譲り受けて日本の政治家を目指す人

私は、日本の私が行くべきところを決めなければなりませんでした。私の保持するエネルギーは、霊魂彗星の緊急時に必要である上に、今回の私の目的遂行のためには、さほど必要なかったので、私は、それまで仕事上で必要としていた円光の超巨大エネルギーから抜け出た状態となり、超巨大エネルギーは、緊急時に備えて友に管理を委託しました。その後も百ワットのエネルギーが私の固有のものとして残されていました。早速、百ワットのエネルギーを持って生まれたときのシミュレーションの映像を見ました。

百ワットを保持した場合、国の重要な役割を果たすだけの人物になっていました。もちろん言動も人々に大きな影響を与えることになります。その立場で、今回思い出した内容を話すと、日本は大変な騒ぎとなったのでした。一度に広まりパニック状態になるのはよくないので、もう少し保持するエネルギーを少なくしてみることにしました。

そのとき、私の仕事の一部始終を見ていたのか、

「必要とされないのであれば、エネルギーを是非私に譲って下さい。」

と進み出る人がいました。私に近寄り、

「政治家になり、日本の将来のために生きます。」

　といきごんで話し、なかなか素直な好青年でした。そこで譲ることにしました。

「私は、このエネルギーをお借りして、大事な仕事ができますので、その節は、お声をおかけ下さい。」

　と言うのでしたが、私は、

「地球に行っても、覚えていることはとても無理であろうし、また声をかけたとしても知らない振りをするであろうから、声はかけない。」

　と答えました。それでもなお、

「そのようなことは、決していたしませんので、是非ともお声をおかけ下さい。」

　と感謝の意をこめて申し出て、その場を去って行きました。

　私の霊的エネルギーは、一番低い五ワットになりました。そのエネルギーならば、少々のことを書いて話をしたからといって、混乱を引き起こす心配がないことが、わかったのでした。それでも、二%の人々によって、広く世界に浸透することになるので、心という段階では、これくらいがちょうどいいのではないだろうかと思いました。

　しかしながら、私がこのことを思い出したときにあまりにもエネルギーが低すぎて、そこから世に問うことができるかが、心配でもありました。

今度は、一番エネルギーの小さい五ワットになるとどうなるか、シミュレーションの映像で見ることにしました。

私の親を決める――至難の課題を成し遂げるために選択した今回の人生

世界中が少しおかしくなりつつありましたが、直すほどのものでもありませんでした。

私は、生まれる場所としてあらかじめ決めていた日本の阪神間に視線を注ぎました。

金は、今回地球に生まれるにあたっての私の決意に対して、並々ならぬものを感じ取って、自身のものとして捉えてくれていました。

至難の課題を成し遂げるには、甘えた意識は許されるものではありません。ゆったりとした人生を歩んだ場合、生きることを問うようなこともなく、思い出すことは不可能だったに違いありません。厳しい人生を歩むことが、今回の課題を成し遂げるためには必要だったのです。

そういう思いで、子どもとなるのにふさわしい母体を見ると、該当する人が百近くいました。そして、五、六人に絞り込みました。金もそうなるだろうと思っていたようです。

例外的な二人を除けば、厳しい人生であろうけれども納得してくれるのでした。ところが私は、なおも厳しく波乱の人生を繰り広げるであろうその例外的な二人のうちの一人に決めてしまったのでした。

金が、

「いくらなんでも、そのようなところに生まれたのでは、大変ですよ。」

と言ってくれましたが、私は決めたのでした。

そのときは、地球に人々の霊体のみならず、全ての霊体を送り込んでいる途中でした。

金は、

「もし、あなたがそのようなところに行かれるのならば、今は忙しいですが、時間ができたら地球まで行って、励まさなければなりませんね。しかし、励ますといっても人間の肉体を持つと難しいことになります。かえって困らせることになるかもしれません。」

と言った。私は、金の言葉が心強く思え、

「困ることになってもいいから、時間をみて来て欲しい。」

と頼んだのでした。金は、

「そうですね。私が行くことによって、思い出すことができるかもしれません。でも大変だなあ。」

そう言って、また霊体を地球に送り出している現場に戻ったのでした。

私は、またシミュレーションの映像を食い入るように見つめました。世界戦争になりつつありました。しかし、それも何とか越えることができました。医学は、進歩しています。どんどんお金は使われ、進歩の一途をたどり出します。ただ長生きがしたいという願望で、人生が何たるかもわからぬままに生きています。それに携わっている人たちの大部分が、他を引き離しているという優越感に浸っている状態でした。進歩しているのは、医学のみならず、いくつかの科学と産業は、飛び抜けていました。そしてその飛び抜けた業種に携わる人たちだけが、なおも差別の社会を作り出そうとしています。

霊魂彗星を出るとき、あれほど皆のために力を出し、己を生かすことの喜びを知ると言っていた人たちは、肉体を持つことにより、また法則を思い出せないこともあり、本来の意に反した行動をとっているのでした。従って、人類が覚醒しなければ、歴史から学び取ることはできず、社会的な生活そのものは、昔と少しも変わることなく、ただ足踏みしている状態なのです。医学が進歩する、そのこと事態は誠に結構なことです。しかし、ただ単に生きることのみでよいものでしょうか。命はなるほど大事であって、軽々しく扱ってはいけないことは、言うまでもありません。だが、私は、見たのです。どうにもならない人を薬だけで生かすというのは、魂にとっても空しいものであるということを。本来人間は、人のためになろうとして肉体と一体化して、その肉体と精神『魂』が切磋琢磨して自分を磨き上げるものなのです。そうすることによって、一番の夢であり課題である自分を超えることになるのです。ただ単に生きていくことだけが何より大事なことではありません。いかに生きるか、その中身が重要なのであります。

私は、私の思いを込めた人生設計ができるであろうと思われる親となる人物を特定しました。それによって生まれる場所も特定されていました。

新たな転生先の町内に映し出された新鉄素材

私が住むであろう町内の様子をうかがっていると、随所で新鉄素材による新たな経済の局面が展開されていることが見受けられました。

霊体であるときは、完全な社会の原型のみを目の当たりにしていて、経済の重要性などという意識は、皆無に等しいのです。しかしその中にあって新鉄素材は、華やかな消費を繰り広げていたので、少し注目したのです。

新鉄素材とは、次のようなものです。

1. 通常の鉄より軽い。
2. 強度面等が優れている。

3．密封の状態でチューブの中に入れられていて、その状態では素材は軟らかく、自由自在に加工が可能である。

4．空気に触れてしばらくすると固まる。

これは、主に補強あるいは装飾用の材料等としての需要が多く見られていました。経済の活性化に一役買っている局面を見せていました。

しかし、現在の社会においては、その様子をうかがうことができません。何らかの不都合が生じて、前もって研究者の霊的エネルギーの移動をはかったのか、あるいは既存の組織に大きなダメージを与えるからなのか、採算の問題なのか、または理解を得られずに葬り去られているのかは、今の私には知るすべもないのであります。

地球上の特殊な人々と交信する霊体たち

人々は、地球へ向かって絶え間なく降りていますが、まだまだ霊魂彗星に残っている人がいます。〈図5〉から〈図8〉にかけての両サイドでは、何人かの人々が、地球上の特殊な人々から何やら盛んに話しかけられているようで、連絡を取り合っていました。おおむね、地球上からの求めに対して、求めている人たちにつながりのある人たちが、答えているようでした。様子をうかがっていると、どうやら霊魂彗星の出来事を逐一説明しているようであります。

この様子をたとえるなら、教室の中にいる学生が、窓の外から話しかける友人と話をしているようなものです。休み時間であれば、さほど気にはならない光景ですが、授業中となると少々気にかかります。

ほとんどの人が地球に旅立って行った今、この場にそぐわなかったのです。しかし、ひょっとすると意外にも、人類の進歩の一役を担ってくれるのかもしれません。ともあれ、そのようなところにいないで、向こうの地球へ向かう出口の方へ行くようにと説得しました。もう、霊魂彗星に入場して来た三十年分の魂のほとんどが行ったようでした。

特殊部隊隊長からのあいさつ

私も急いで地球に行く用意をしなければなりませんでした。

他の人々の多くは、三十年近くの時間の中で、ゆっくりと順番に生まれて行くことができるのに対して、私の場合は重要な仕事についていたことから、時間的余裕がなく霊魂彗星から出るとすぐに母となる女性の元に生まれなければならなかったのです。

私は、地球の降り口へと進んで行きました。

すると、特殊部隊の隊長が声をかけてきました。

「まもなく、地球に出られるのですね。」

と念を押しに来たのでした。

「いよいよ出られるのでしたら、私が先に行き、言い広めておきます。その後お気楽にお越し下さい。」

と言うのでした。私は、

「そのようなことをしてもらうと困る。」

と言って、申し出を断りました。しかし、隊長は、

「私は、そのことを今回の課題として行きます。」

と堅く決意していました。私は、それ以上何も言いませんでした。

一日分（三十年分）の仕事を終え、地球への旅立ちのとき

いよいよ私が地球に行くときが来ました。そう思っている矢先に、第二シミュレーションに張り付いていたスタッフから、

「緊急事態の通報が入っています。」

との知らせを受けました。したがって、半ば私的な行動である自分の人生計画の中断を余儀なくされたのでした。

第二シミュレーションのある場所に着くと、緊急事態を知らせるサインが発せられていました。金も駆けつけていました。内容を確認すると、思った通り隕石衝突の件でした。銀河系本部からシミュレーションに緊急事態を予測した映像が、映し出されたのです。しかし、その内容は私が認識している範囲内のものでした。隕石衝突の確率も二四％と変わりはなかったのです。二、三の手段を施しました。もしも急接近して地球に激突するような場合であるなら、私は全てをかけて自分を捨てる覚悟を決めていました。なぜなら私の持ち合わせている霊的エネルギーの全てをもってすれば、対応が可能であることが判明していたからです。そのため、激突する確率は高いものでしたが、驚きはしなかったのです。しかし改めて、事の重大性をかみしめるときでもありました。また本部の緊迫した様子も伝わってきました。しかし、友人と連携を保っていれば、私の計画を遂行することが可能であることはすでに判明しているので、何も問題はなかったのです。

それよりも、そうこうしている間に地球時間に直すとかなりの時間を費やしてしまったのでした。

私は、霊魂彗星での仕事を終え、未来を見通し、可能な限り修正も施したので、地球に向かうことにしました。予想外の出来事に時間がかかったので、急がなければなりませんでした。あらためて、親となる二人の間柄をシミュレーションで調べてみると、私の生まれる時間的なことが原因となり、問題を起こす可能性が出てきていました。私は、少し強引でしたが、計画通りに実行することを決めたのです。金は、

「何もそこまですることは、ないのではないですか。」

と再び注意を促してくれました。その人生は、あまりに苦難の路でした。金は、

「親を替えてはどうですか。」

とアドバイスしてくれました。友の言葉はありがたかったのですが、私は意を決していたので、聞き入れなかったのでした。もう残された時間はなかったものの、時間的な問題により不安が生じたので、今しばらくシミュレーションを見ていると、日本から中国に渡ることになりました。それでは、日本を選んだ意味がないと思っていると、数年のうちに戦争というトラブルを乗り越え、ようやく日本に戻って来る様子がうかがえました。なおも見ていると、複雑な動きを見せながら、結果として両親は夫婦喧嘩に明け暮れすることが判明しました。

もちろん原因は、私の強引ともいえる出生にありました。タイミングのずれによって、

出産予定日より一カ月近く遅れての出産となってしまったのです。当時、出産予定日より遅れることはよくありましたが、父は家を後にして中国の南京に出張していたため、予定より遅れた出産を疑問視したのです。母は、当然浮気はしていないと主張しました。

ちょうどそのとき、戦争のため非常時に備えて血液検査がなされていました。当然私も調べることになりました。しかし戦前の日本では、今と違って精密性に欠ける面があったり、医療知識のない者が携わったりして、検査結果に不透明なところがあったのです。そのことによって、私たちにとって衝撃的な検査結果が通知されたのでした。私の本当の血液型と異なる血液型の通知を受けたのでした。それは、夫婦にとっては生まれるはずのない血液型だったのです。母は、そんなことはあり得ないと主張しましたが、再度検査することはなかったのでした。生真面目な夫婦にはこのことも要因の一つとなり、激動の社会に対応しきれず、一家には荒く波が押し寄せることになるのでした。

私は、あまりにも二人が人生を徒労に過ごす姿を見てあわれに思い、何らかの形で役に立つことはできないかとシミュレーションを見ていました。すると、二人とも寿命が五十五歳くらいと意外に短いことがわかりました。せめてもという思いから、二人の寿命を延ばすことを試みたのです。そして、延ばされた寿命中に人間としてあるいは夫婦としての喜び、幸、感謝等を見いだして欲しいと願い、実行したのです。

まずは、母となる女性から見てみると、寿命を延ばすには高度の医学の力が必要であることが瞬時にわかりました。

そこで、日本の医学においてはどこが優れているのかと思うと、東から一校、西から一校、二つの大学が浮かび上がりました。この二校の優れた人々の頭脳の働きが、つぶさに画面に図式化されて、たちまちのうちにさまざまなことが判明したのです。比較すると、やや大ざっぱではありますが、一つの特徴が見いだされました。

そのときの学問という面においては、西の大学の先生方が東の大学の先生方より九十を挟んで五ポイント勝っているということがわかりました。しかし、表現力という面においては、七十を挟んで十ポイント東の大学の先生方が勝っているということでした。いずれにしても優秀であることには、間違いなかったのでした。

結局この場合は、西の大学の優れた医師が、一時的に母となる女性と巡り会うように細工を施しました。そうすることによって結果として、女性の寿命は、十五年延びることになりました。そばにいた金も納得してくれました。

次に父となる男性を見ました。少しためらいはあったものの、この男性には、思い切って三十年寿命を延ばすように手を施しました。これには、金も間髪入れずに異を唱えたのでした。

「なぜ、あのような男性に三十年の寿命を上乗せするのですか。これは、先ほどの女性とは逆ではないのですか。」

と突っ込んできました。私は、即答できませんでした。私自身も友人の言う通りだと思っていましたが、ここ幾度となく転生して実地の生活をしているうちに、男の機微を何となくやるせなく思う心が一端を覗かせていたのでした。それゆえに返事に困りつつも、何となく男性の哀れが伝わる思いがして、結局私が最初にした通りの延命をして、説明することなくそのままの状態にしたのでした。

私は、自分が四十歳を過ぎるころまでの未来を見ましたが、それ以上を見ると地球へ行く価値がなくなるので、見ることをやめました。そして、行こうと決心しました。金が再度、

「どうしても行くのですか。」

と言いました。思い出せるかどうか少し不安になり、金に来てくれるよう念を押して頼みました。金は、少し躊躇していましたが、

「それなら明日（地球時間で三十年後）、時間がとれれば少しだけ行くことにします。」

と言ってくれました。友は、忙しかったろうに私の頼みを聞いてくれたのでした。私は、

「待っている。」

と答えました。金は、少し心配そうに、

「行くのはいいけれど、人間になっているあなたは、私が帰った後、寂しがるのではないでしょうか。そして、あなたは優しいからショックに耐えかねて思い出すどころでなく、終生徒労に終わり、むしろ逆効果となるのではないでしょうか。」

と言いました。私は心の中で、おそらくそのようなことにはならないだろうと思うと同時に、あってはならないと決意しました。そしてその上で、

「それでも構わない。」

ときっぱりと答えました。そのときは、どうして寂しがるのか理解できませんでした。なぜなら、またすぐに霊魂彗星で会えると思っていたからでした。金は、私の気持ちを察して、

「あなたは、突然霊魂彗星に戻って来てまたすぐ行くので、覚えていないのでしょうが、そこから帰るときが大変なのですよ。死という形を取らなければならないのですから。でも心配いりません。今より医学が進歩しようともあなたに迷惑はかけませんから。」

と言い、時間がないので私をせかしてくれました。

私が地球に修行の旅に出ることを知ったスタッフが、集まって来ていました。そして、

「私も行かせて下さい。」

と申し出てきました。一人くらいはと思うと、次々と申し出てきたので、それほどたくさん来たら困ることになる。

「私が霊魂彗星を離れるのだから、後のことを任せたい。それに、それほどたくさん来たら困ることになる。」

と申し出を断りました。しかし何人かの者は、地球に来ることを決意していたようでした。私より少し前に土がヨーロッパの方へ向かいました。スタッフを除いて、私以外にも最後の最後まで霊魂彗星に残っている人がいたので、一緒に行くように勧めて降り始めました。それはまるで、水の中に飛び込むような感じでした。私もごく一般の人々と同じコースで地球を目指しました。

何億もの霊体が地球に向かって一斉に降りて行くと、気流のようになります。各地域の四つの出口から出た霊体は、初めは四つの大きな霊気流となり、次に各州に分かれていき、それぞれの目的地を目指して進み行くのです。

アジア州の出口から出た私は、霊魂彗星から回り込むようにしてその霊気流に乗り、地球へと接近して行きました。そして台湾あたりまで南下した後すぐに北上に転じました。いよいよ日本の上空に差しかかりました。日本列島を南から順次目で追いながら、それぞれが目的地のところに来ると降りて行きます。

私は北上を重ね、九州を横断するような形となり、本州の瀬戸内沿い、広島の辺りに差しかかりました。いよいよ人間として困難な課題を成し遂げるときが近づいてきたのかと思うと同時にやや孤独感も入り交じり、神妙な心境になってきました。

岡山上空辺りでしょうか、私にとって都合のよさそうな雲があったので、休む思いもあってその雲の端に乗りました。霊体は、便宜上目的地まで雲に乗って近づくということが多いのです。肉体はないのですが、雲に乗ると楽であり、人に見られるというわけではないのですが、より察知されにくいというメリットがあります。私もちょうどよい巨大な雲が浮かんでいたので、それに乗ったのでした。

しばらくすると二、三人（霊体）が、私に近づいてきました。やや緊張した面持ちで、現在の心境と間もなく誕生することについて、少し不安そうに話しかけてきたのです。私は、何がなしに今に至った過程を説明し、いよいよ新しい人生が始まるのだからと勇気づける言葉をかけました。ともあれ百二十年後は、今の状態で再びここにいるであろうことを。だからこそ人生をしっかり見つめて、課題を成し遂げなければならないのですと念を押したのでした。それを聞いた人たちは嬉しそうに立ち去りました。その人たちを見送る体勢で振り返ると、何と私の後方には、雲の白く輝く表面を余すところなく、幾十万の人（霊体）が乗っていたのでした。私たちの話を聞き、その話の内容を受けて、安堵の様子を見せていたのです。今しがたの人は、個人としてではなく、そこにいる人たちの代表として私に接近していたことを知るのでした。

私は、役職時の巨大エネルギーをそっくり霊魂彗星において出て来たので、その後は一個人として物事に思いを馳せていました。ところが、そうではないことをこのとき思い知りました。霊魂彗星にいるときから私のことを見ている人がいたのです。どこにいようとも一部始終を人々に見られているということなのです。ですが、それは私に限ったことではなく、全ての生物は地球上のどこにいようとも、何一つ隠し立てすることはできないのです。

しかし私はその様子を目の当たりにして、霊魂彗星について話したことを少し軽はずみであったかなと思いました。なぜなら、生まれる直前なので、人間となったとき、この場面に遭遇した人たちだけが突出して生得的な人生を歩み、急激な変化を起こすのでないかという心配があったからです。しかし、パニックを引き起こすほどのことはないと思うのでした。

私はそれらの思いから転じて、地上を見渡しました。地上に降りるときは、やはり緑豊かな大地の方が安定した降り方ができて、気が休まるのでした。

私の行き先は、大阪府豊中市でした。霊気流に乗って、大阪市の中心部を上空から確認して豊中へと向かいました。私たちは、最終的には十人足らずで関西の上空に差しかかり、私以外の人は、互いに誕生した後も友として付き合うことができるようにと、着地する地点を懸命に教え合っていました。そしてその後、それぞれが思い思いのところへ行くのでした。

ある一軒の家の手前上空から、植木越しに縁側と畳の部屋が見えました。そこに母親となる女性がいて、着物の裾が少しはだけてまどろんでいる様子がうかがえたのです。通常であれば、誕生を心待ちにしている霊体は受精するあたりで、すでに入魂しています。しかしこのとき、母となる女性は妊娠三カ月でした。私は、女性の体に覆いかぶさるようにして体内に入魂したのです。

数カ月が経ち、ふと意識が目覚めて、

「これが人間の世界か、思ったより簡単に来ることができた。」

と声を発しました。すると金が気に留めていてくれたようで、

「まだそこは母胎だからそこから出るときが大変なのです。注意してがんばるように。」

と声をかけてくれました。正直言うと、少し怖さを感じていたのです。生まれるときの恐怖を味わったのです。胎内から出るころになって、今までの霊魂彗星での記憶がだんだんと薄らいでいくのがわかりました。そして、それを最後に宇宙意識体験をする四十歳までのしばらくは、霊魂彗星のことを忘れるのでした。

四十歳のあの日、寝所へ入って無我の境地に達するまでは、睡眠状態ではありませんでした。刻々と激変する状態の中、自分を守る意識が克明に働いていたからです。しかしその後、それまでに体験したことのない状態、肉体から魂が離脱した状態になりました。それから霊魂彗星に到達して、前世の死を迎えた直後までさかのぼり、役員として一日分の仕事を終え、今の自分が誕生するまでのことを思い出したのです。

その後、宇宙意識体験をする四十歳までの自分の人生が走馬灯のように繰り広げられ、気がつくと現在の自分に戻っていました。

目が覚めると、昨晩までの私とは明らかに違いました。宇宙意識体験をすることによって、それまでの私が知り得なかったことが知識として身についていました。その内容を夢として片付けるには無理が生じました。それは、それまでの生活とはまるでかかわりのない一つのソフトが私に埋め込まれたとでも言えるような出来事だったのです。

第四章

宇宙の法則の実践

――人間社会をいかに霊的に進化させてゆくか

宇宙の法則を現実社会に浸透させるための鍵

人間はいかに生きるべきか。

この問いには、万古から現在に至るまで、さまざまな人がいろいろな局面で論を発してきましたが、究極的には矛盾に陥り、結果として人間社会のレベルを上げるには及びませんでした。

そのため人間には、本質的に共に生きたいという思いがあるにもかかわらず、社会体制が築かれるようになると、霊的エネルギーの強い者同士が、しだいに無意識あるいは意識的に順位づけのための争いをするようになり、人類は、あってはならない方向に迷走し始めました。

地域によってそれぞれですが、身分制度等により階級をつけ、強者と称する者たちが弱者をないがしろにした上で社会が成り立っています。そのことにより、弱者の鬱積(うっせき)した不満がある程度に達すると爆発し、革命等を引き起こすことになります。それにもかかわらず、歴史は繰り返されています。

精神と物質が均衡を保つ時代もありましたが、近年になるにつれて科学が進歩すると共に、精神的なものがないがしろにされるようになり、物的なものにこだわる傾向が顕著になってきました。唯物論的になることによって、拝金主義者が横暴な態度をとり、悪の連鎖に陥るのです。そしてそれに伴うかのように社会が不安定さを増しているのが現状なのです。

それに比べると、未開、原始社会の方が、社会規模が小さいためか、人間の思いやりが素直に表現できていたのかもしれません。狩猟や自然物の採取などをして生活していましたが、そのような時代の割には、平等に配分されていたようです。

どうして、人間社会のレベルは上がらないのか。

それは、何のために生まれてきたのか、いまだ生命の根源を知らないからなのです。

私の宇宙意識体験から導き出された法則をもとにすれば、生きる目的の核心に迫ることができ、人間がいかに生きれば、的を射た価値ある人生だと言えるのか、自ずと見えてくると思われます。是非とも理解していただき社会のレベルを上げなければなりません。

人間は、肉体のない霊的な存在であるときに、自らが『人生の課題』『親』『生まれる地域』を選択します。つまり自分の人生は、自分で選んだものなのです。

誤解のないよう付け加えると、霊魂彗星における人生設計は、例えば地球上で年頭に一年の目標や抱負を掲げるのと同じように、人それぞれ決め方に違いがあります。課題の難易度によって、達成するのがあまりに困難な人もいれば、わりと容易に達成できる人もいます。どちらにしても、事細かに決めるわけではないので、人生設計は絶対的なものというわけではありません。諸条件や生まれてからのそれぞれの自由な選択によって、日限やその内容に変化が起きることももちろんあります。

ただし、根底にあるものに変わりはありません。「中間世で計画をたてるときには、かならず愛と奉仕の機会を捜すことになるが、結局この愛と奉仕こそが、自己の成長の根本にかかわると考えるべきである。」(『輪廻転生』)、「すべての運命はけっきょくのところ、成長、愛、奉仕という同じひとつの道に通じている。」(エリザベス・キューブラー・ロス『人生は廻る輪のように』上野圭一訳　角川書店)と言われるように、人間として誕生したからには、個々人は、何らかの善の課題を持っており、人々が社会、経済、道徳において和を尊び、助け合って生きていくという考えが当然のごとく存在しているのです。それゆえ人類には、助け合って生きるような道徳原理が内在しているのです。そしてその課題を生涯かけて成し遂げたとき、至福の喜びを深く感じることができるのです。

しかしながらそれぞれの課題の内容は、肉体を持つと、覚えているはずの生得的な部分がすっかり消滅した状態に陥るため、なお一層、精神的なことを研鑽(けんさん)する必要が生じます。なぜなら肉体を持つことによって、課題を思い出すことができなくても、そういったことを遵守(じゅんしゅ)することによって、自ずとあるべき姿が顕在化し、幸せを感じる的を射た価値ある人生だと言えるようになるからです（親と地域については、後述いたします）。

キューブラー・ロス博士も次のように指摘しています。「私たちが今後学んでいかなければならないのは、私たちだれもが肉体、感情、知性、霊性から構成されている同じ人間だということ、そして互いに助け合う努力をしなければならないということです。互いに判断したりしないで、互いが自分の霊的次元、自分の内なる知識を聞く努力を励まし合い、自分がどこに向かっているのか、自分がどこにいるべきかを見いだし、人類のために尽力することです。ほとんどの人が死んでしまってからこのことに気づきます。でも、死んでしまってからではやっぱり少々遅すぎるようです。」（『宇宙意識への接近』）

次に重要なのは、人間には霊的エネルギーの法則と共存の法則が備わっているということです。

まず霊的エネルギーの法則ですが、前述したように霊的なエネルギーを電球の明るさで表現すると、三十ワットクラスが二%、二十ワットクラスが一三%、十ワットクラスが三〇%、五ワットクラスが五五%となります。法則によって、各自のエネルギーは定められています。その上で、それぞれのエネルギーにふさわしいと思われる課題を選ぶのですが、ほとんどの場合、自らの進歩を促すという意味もあって、課題のハードルを自己のエネルギーよりも少し高めに設定します。この少し高めというのが、人間となったときに困難をもたらす結果となっているのが現状なのです。

社会が真に目覚めているならば、高めの課題を設定することは、より一層の励みとなって、打ち勝つべく努力を怠ることはないのですが、いまだ到達していない社会では、個々人の励みも限界に達することになります。

例えば、未熟な人間社会にあっては、自己を進歩させるためのエネルギーが、精神的な不安から均衡を保つために、反作用的なエネルギーとなって他に向けられ、向上心があるがゆえに気の逸り(はや)となり、他者に負けたくないという心に駆られ、アプリオリな至善の心が、悪の心の領域に混在してしまうのです。言い換えるならば、人間の向上心が醜く変形した結果なのです。そしてそれが、本性であるように捉えられてしまうのです。

したがって、改めて徳を積む努力をしなければ、悪の領域は拡大して、現在の人類に見られる醜い姿を呈することになります。人間として逸脱した行為で犯罪が横行し、その悪逆非道の数々のニュースは、尽きることがありません。殺人、虐待、恐喝、詐欺、幼い子どもの誘拐殺人、少年の信じがたい凶悪犯罪、インターネットでの呼びかけ等で集団自殺等、数え上げれば切りがないほどです。

これらの人々を正しく導くには、私徳（個人または自己に関する道徳）を幼いころから指し示す必要があります。

次に共存の法則です。霊魂彗星では、三十人、四十人、五十人、一人のグループに分かれており、共に助け合って生きて行くようにまとまって行動しています。グループの個の霊的エネルギーに変化がつけられていることによって、一つの地域社会を構築しやすく、あるいは地域と地域を結びつけやすくなっています。

霊的エネルギーの配分を何かにたとえるなら、固まるという意味においても、近代建築の素材であるところのコンクリートの素材配合に似ています。

コンクリートは、セメント、細骨材（砂）、粗骨材（砂利）、水を混ぜて固めたものであります。個々の素材のみではそれほどの強度ではありませんが、いくつかの素材が結合することによって、より強い新たな力を生み出します。

人間の霊的エネルギーの配分もこれと同様で、さまざまな人が集まることによって、社会がより堅固なものとなり、同時に、効率よく宇宙の安定を図るためのものなのであります。

しかし、今日までの人間社会は、個々の素材のみを評価しているような状態です。コンクリートでいうならば、砂は砂、砂利は砂利、セメントはセメントといった材料にすぎないということであり、コンクリートになる状態を避けて、個々の素材の欠点、短所等を言い争っています。凝結してこそ、堅固な構築物を作ることができるのです。

人間の根幹のつながりが乏しい人間社会も、個々人はそれほどではなくとも、地域社会で共生することによって、堅固な人間社会を構築することが可能となることを悟らなければなりません。

そして、これらを喚起させるために障がい者という存在があるのです。この存在は、コンクリートの素材でいうと水のようなもので、全てを結び付けるために非常に重要な役割を担っています。なくてはならない存在なのです。

三十ワットクラス以上の巨大エネルギーの人も、鉄筋や鉄骨の役割といったところで、指導的立場となって地域社会を結び付ける役割を担っています。

これらの諸条件を念頭に置いて行動することによって、人間社会の進歩を促す新たな局面の到来ということになります。

そうして、同世代（ジェネレーション）の三十年間に、法則によるエネルギーの割合でグループを構成し、互いの進歩、すなわちグループにおけるエネルギーの増量を目指しているのです。とはいえこの場合も、やはり誰と同じグループなのかということは、覚えているわけではありません。今現在、敵対している相手が実は同じグループの仲間である可能性もあります。誰と同じグループかわからないからこそ、全ての人に対して仲間意識を持ち、助け合って生きることが、重要なのです。

それゆえ、公徳（社会生活の中で守るべき道徳、例えば平等）を重んじる必要があるのです。

人類はいまだに、平等の深い意味の理解には、至っていないと言っても過言ではありません。霊在意識が開花しないままの状態であり、霊的エネルギーの配分すら知るよしもないのですから、個々人をエネルギーのみで一義的に捉えて、競争社会だと言っているのです。一見、強くて記憶力に優れ、賢いと思われるような人が、自分は偉いのだと高ぶり、そのような人ばかりが集まって一つの社会となれば、人間として恥じ入る行為を見せることもあるのです。特権階級の人は、自分たちは偉いのだと錯覚に陥りがちですが、公職に就きながらも、自分たちの利益を図り、国民の意図することに反することを半ば公然と行っている人さえいます。ましてや影響力が大きくなるほど、手がつけられなくなります。そして完全に犯罪行為であってもまかり通る世の中となるのです。こういう人々には、公徳の意識は微塵（みじん）も見られないのです。錯覚が招く不善の至りであります。

このようなことは、本来の人間の生き方を考えると、あってはならない状態ですから、是正しなくてはなりません。そして同時に人間社会のレベルアップを果たさなければなりません。そのためには、本来持ち合わせている力、すなわち他の人々に善行を尽くし、自らの課題を成し遂げる力を発揮させることが、何よりも重要なのです。

人間がいかに生きるべきかということは、持ち合わせた生得的な力を発揮させることが原則となるのであります。

今一度、生命体の持続目的の意義を言及するならば、なお人間に絞って言うならば、人生は、三日間（九十年）の旅であり、旅の主な目的は、共に助け合い、努力して課題を成し遂げ、持って生まれた霊的エネルギーの増量を図ることであります。たとえ課題を成し遂げることができなかったとしても、その過程の努力が大事なのです。そうすることによって、人生の喜びを感じることができ、個にとっては悔いのない人生であったと言えるのです。

もちろん、人生はそれだけではありません。人々は明言はしないものの、霊体であるときに肉体を持つことを待ち望む理由の一つに、愛する人に対して愛情表現できる肉体を得ることができるということがあります。肉体のない霊体時に、特に霊魂彗星ではいろいろな場面で、男女、親子等愛する人を抱擁しようとしても受け止める肉体がないために、ふと寂しさを覚える体験をするのです。そのために肉体を持って、その愛を受け止めたいと思うのです。
それでは、いかにすればよいのか、それぞれの立場の個々人があらためて考え直す必要性が生じてきます。

親子関係と家庭——霊魂彗星で選び抜いた親と共に学び合う

功利的な風潮に大人からも規範意識となるものが失われつつあります。このような大人に育てられた子どもが将来に夢を描けるわけがありません。ましてや工業化のあおりで親は、家庭や地域に接触する機会を失っています。希薄になる親子、教師、生徒、地域と子どもの関係にも問題があります。

特に家庭での父親の存在感は、極限に達しています。ある統計によると、子どもと接する時間が一日平均十分程度だということでした。これでは、十分にコミュニケーションを図ることができません。

子どもをいかに育てるかということは、未来の地球を考えることにもつながる重要なことなので、そういった状況は、どうにかしなければなりません。

そもそも親と子の関係とは、子どもとなる者が霊魂彗星にいるときに、どのような人生を選択するかということによって決まります。霊魂彗星では、意識までもが全て見通されて、何一つ隠し事はできない、全てが明白であるときに親を選択することができます。それゆえ、地球上のいかなる境遇であっても、階級や社会を一切問わず、例えば、裕福な家庭であれ、またそれとは逆にその日暮らしの生活、いやそれ以上劣悪な生活環境にあろうとも、また精神面を考えても、夫婦仲の善し悪しすら承知の上で、意識を十分に研ぎ澄まして選び抜いた結果として、親子の関係になったのです。

例えば身体が強い子、弱い子、賢い子、そうでもない子、あらゆる子どもは、その家庭にとっては、必要であり、存在価値があるのです。たとえどのような子どもであっても、その家庭にとっては、かけがえのない存在なのです。

子となる者は、親となる者の生き方に良い作用を及ぼす存在でありたいという思いを抱くと同時に、親となる者が自分の子孫あるいは後輩であるという心も内在しているのです。いくら器用な人間でも、子どもを作るための行為はあれど、子となる者を選ぶことは、不可能です。

子どもが生まれるということは、偶然の所産ではありません。親となる人を指示して、かけがえのない時と命の全てをまかせる行為なのです。しかも無抵抗で、親となる人に身を預けるのですから、親は預けられた命を大切に育てなければなりません。そうすることによって、深い愛と絆で結ばれるのです。

その上、親となった人間は、少なからず子どもを育てるということにより、体験しなければ知り得ない尊いものを手にすることができます。とりわけ人間として覚醒していない親ほど、子どもとなった人が生得的に是正をさせる方向づけが見られます。

それぞれ思うところはあるにせよ、子どもとなった者は、ある意味において、一方的に親を選んだのですから、深層の無意識の内に親に対して同意を得たいという思いがあります。そのため、親にほめられるという行為によって、無意識のうちに同意を得たのだという安心感を得ることができ、人生において、前進することが容易になります。そのようですから、親は自分を選んで生まれてきてくれたいかなる子どもに対しても、人格を認めながら育てるということが大事なのです。

親たる者は、子どもの行動や感情、表情を真摯（しんし）に受け止めて、ある意味においては、育ててもらうという謙虚な心構えが必要です。

親と子は、心の安定をはかり、スキンシップにより無言のうちにも安堵（あんど）の気持ちが得られるように心掛けなければなりません。このような親子関係からは、間違ってもわが子いじめや虐待（ぎゃくたい）などあり得ないことです。ましてや子どもを殺すなどという行為は、決してあってはならないということが、わかろうというものです。

大いなる所以（ゆえん）で結ばれたのですから、感謝の気持ちで慈しみ育てることが大事です。そうして、親が人間の絆の尊さをかみしめて、子どもの人生の出発点とするのがよいのです。親と子は、一つの核となって、家庭の原形となり、これが家庭の道徳の核の誕生ということになります。

しかし、全ての人間のつながりは、これだけのものではないのです。

地域社会と障がい者——霊在意識にある助け合いを呼び覚ます

霊魂彗星で人生設計する際、地域社会とのつながりも、親選びの次に重要な要素を含んでいます。

例えば、若くして不慮の死を遂げた親、あるいはそれに類する人々は、霊魂彗星においてわが子の行く末を案じると共にそばで生きたいと願います。しかしながら、親として生まれることはできないので、かかわりを持てるであろうと思い、概して同じ地域社会へと生まれて行きます。この場合は、直接自分自身のためではなく、わが子や縁ある人のために生きようと人生設計しているのです。地域社会には、このようなつながりが内在します。

したがって、地域社会には、少なからず共に生きることの意味深いものが含まれているのです。

　一時的な出張先などで生まれた場合は例外としても、出生地は国、地方を問わず、おおむねの人々が生涯においてつながりを必要とするのです。学校、就職等で郷土を離れても、何らかのかかわりと協力の態勢を保つことによって精神的な安定を図ることができます。


　次に地域社会の中での障がい者の存在の重要性について知っていただきたいのです。

　地域のつながりという意味においては、障がい者の存在を欠かすことはできません。先に取り上げたコンクリートでいうと、凝結に欠かすことのできない『水』の存在と言えます。すなわち先天的な障がいがある人々は、重要な課題を担っていることになります。

　決して、特別な待遇をする必要もないのですが、人間とは何かという真の意味を知ることによって、自ずとそれにふさわしい道を開くことができるはずであります。

　障がい者は、人間にとって大事な部分である創造性の萌芽のきっかけとなり得る存在なのです。それなのにそのように尊い人々が、今の社会では日の目を見ないでいます。

　障がい者は、個と他者の人生を生かすために生まれてきます。前述していますが、障がい者といっても霊魂彗星では、大きく二つのタイプに分かれています。一つは、親となる人の力に頼り、そこから意識の研鑽と自己の課題を成し遂げようとするタイプで、もう一つは、それとは逆に、親をより一層向上させたいと願い、親と共に自己修行の立場をとるタイプであります。

いずれにせよ、選ばれた親となった人は、何かにつけても苦労を背負い込むことになります。一つの家庭だけでは、負担が重すぎて、通常の生活からは程遠い生活を強いられることになるのです。

そこで、地域社会の人々に、負担となっている人の力になる必要性が生じます。障がい者は、霊体時のグループに一人の割合で存在し、グループの仲間は、皆で助け合って生きていこうという思いが霊在意識にはあります。それゆえ、同じグループの仲間がわからない社会においては、地域社会で助け合って生きていくほかありません。

身近に障がい者とふれあうことによって、愛を与える喜びを知り、愛を受ける喜びを知る。障がい者は、一見助けてもらっているだけのように思われますが、実は携わる人に生きる喜びを与えているのです。命の尊さや生きる喜びを身をもって学ぶことが、今の社会には必要なのです。地域社会で共に生きるということが、真の生きるということにつながり、お仕着せではない真の道徳心が生まれます。

しかし、現状をかいま見ると、障がい者は、産んだ親が全ての世話をするのが当たり前という風潮なのです。これは、ある意味原始社会であるといえます。もっとも、原始社会の方が、現代より仲間意識があり、共に生きていたといえるかもしれません。

経済的に成長を成し遂げた今、共に生きるという意味においては、現代社会は後退している面が見られます。今以上に後退させないためにも、地域社会の重要性を認識し、どうすべきか考慮しなければなりません。

ここで私が述べている障がい者というのは、主に先天的に肉体や精神に障がいがある人のことでありますが、現社会においては、後天的に精神障がい者等になった人の数が尋常でないことが気にかかります。諸外国と比べると、特に日本は突出しています。精神障がい者としての入院患者数が多いのです。入院している精神障がい者の中には、受け入れ条件が整えば退院可能であると判断されている人（社会的入院）が二割程度いるそうです。このことには、現実の人間社会が投影されていて、心淋しさを感じるものであります。

彼らは、生まれもっての障がいでなく、社会に適合できなかったために、成長の過程で精神的な繊細な部分のバランスを崩して、結果として入院することになったのです。

ここに至る経緯を思うに戦後の経済至上主義で、ある程度の粒を揃えて即戦力となる人が必要であって、枠から出た個性豊かな人を必ずしも必要としない社会であり、並ではない人間には、レッテルが張られる風潮がありました。

自我を強調して、一人勝ちするような時代は、終わらせねばなりません。人間の存在理由を知らずに次の世に幸せな世界が訪れると思うことは、無知蒙昧なことなのであります。

地域社会や家庭の影響で精神障がい者となった人のことを考えると、家庭あるいは地域社会において、その人に特殊な言動の兆候が見られるとき、助け合うことができるならば、通常の社会生活を十分に営むことが可能となるはずであると思うのです。

まず家庭においては、通常でない言動、あるいは何かのきっかけで飛躍した話が出るようになったとき、教え諭そうなどと思い上がらずに同等の目線で十分に話を聞くことです。そして、理解しようと努めることです。個の存在を認めることが、大切なのです。

医学博士のエリザベス・キューブラー・ロスが、実習で、治る見込のない統合失調症患者を収容している病院に勤めていたときの話です。当時、精神医学について何一つ知らなかった彼女は、孤独で惨めで、不幸だったのですが、患者に向かって心を開き、患者の惨めさ、孤独、絶望に、自分を重ね合わせたのです。すると、二十年間も口をきかなかった人たちが、自分の感情を口に出して表現するようになったそうです。そうして、愛をもって、患者の語りかけに対して、必死に耳をかたむけたのです。その結果、二年後には治療の見込みがないと思われていた統合失調症患者たちの九四パーセントが退院することができたのです（『「死ぬ瞬間」と臨死体験』）。

家庭においても地域社会においても、多種多様な存在が生存できる包容力があれば、時の流れから疎外されることなくその個性が社会に役立つことになります。そうなれば、入院する患者となる人々は、激減するはずです。彼らは、もともと精神的な環境が悪いため、はみ出る傾向があったのでしょう。したがって、回復しても、帰るべき良い環境の場所がないのです。社会復帰できない状態でいる人が、少なくとも社会に貢献できる態勢のもとで未来を見つめるといった生活環境でないことは、事実であります。それならば、社会に大きく貢献できる場所を提示して、一般の人々と交流を図ることができるようにするなど、何か積極的な施策が必要であります。

有償経済から無償経済へ——霊的な進化を促進するシステム

ここで深くかかわるのが経済です。なぜなら地域社会にかかわろうにも、今日では拝金主義が横行し、経済的な圧力がのしかかるため、人々は懸命に働かなければならず、結果として時間に制約されるからです。

子どもと接する時間さえ少なくなってしまい、物質的な成長は進歩していますが、精神的に豊かなものは、人間の生活から消え失せつつあるのです。

このままでは、いつまで経っても社会のレベルアップは望めそうにありません。人間社会の進歩を遂げるためには、何としても経済を大きく見直さなければなりません。

全ての人々が共に活力あふれる人生を生きようとすれば、いやおうなく無償の活動が多くなるはずであります。しかし、現在社会においては、経済的にも時間的にも無償で地域社会に力を注ぐことは、無理を生じます。それは、多くの人々が、経済的あるいは時間的に余裕がないからです。

本来の人間社会は、社会レベルの進歩に合わせて、有償経済に携わる歳月を減少させていかなくてはならないのです。そうでなければ、仕事の内容も分化して独立した状態におかれた個人は、ますます地域とは無関係になり、社会と断ち切られて孤立化し、あげくに退職すると役に立つことすらなく、人々と疎遠となってしまう恐れがあります。

現在の経済システムは、人類にとっては、大いに考えなければならないものが、浮き彫りになっています。

消費の面では、パレートの法則のように、地球上の二割の人間が八割の資源を浪費して、八割の人間が残り二割の資源で生かされている状態であります。いや今では、力の強い人間によって八割から九割にくい込む状態となりつつあります。これは、未熟な社会の現象です。しかし、このようなことが人間の社会として、いつまでも許されるわけがありません。

私が、霊魂彗星で見た地球の未来シミュレーションでは、一人の人間の遊び心で作られたものが、絶大な威力の兵器となり、世界の二十億もの人々を死に至らしめることになりました。

もちろんこの事態を回避すべく手段が施され、その年を無事過ごすことができたのですが、問題は、今後もこういったことが起こり得る状態であるということなのです。自らの手によって絶滅という状況を招かぬうちに、人間としてふみ行くべき道をたどらなければなりません。

現在の人間社会のレベルを数字で表すと霊魂彗星では、その割合が一目瞭然です。地球規模となると一様ではありませんが、均(なら)すと、現在は、十段階でレベル二を少し上下する程度です。過去においては、最も高いときでレベル二・五に達していましたが、長くは続かず、時の情勢によってあえなくも崩壊する始末でした。一向に進歩の兆しが見られないのです。このような中にあって、働くことは良いことであると思い込んだ人類は、有償経済に四十年間も費やすことになったのです。中には、生涯にわたって、有償経済で終える人すらいるのです。

この現状は、異常であると捉えるべきです。なぜなら、人間として真に生きる最低の条件すら満たしていないからです。ただ食い過ごして生きるための一生などは、人の生き方として本来想定されていないのです。霊在意識内では、誰一人としてそのような生き方を望んではいません。

未来のあるべき人間社会は、とりあえずレベル五ぐらいを目指したいのです。しかし、レベル五といっても人間社会が現状より大きく飛躍して進歩しなければ、なかなか困難な数字です。レベル五まで進歩をとげれば、一生のうちに携わる有償経済はせいぜい十年で十分なのです。ただし、ここでいう有償経済十年とは、一人の人間が最高の条件で働くことのできる十年を自ら選び、仕事に専念して真剣に取り組む姿勢がなくてはならず、中途半端な仕事ではならないのです。そして、そこで一家庭が一生の生活の基盤を築くことのできる賃金を受け取ることができなければなりません。その上で、残りの時間を無償経済に費やし、皆で助け合って、社会のレベルアップにつなげていきたいのです。ここでいう無償経済とは、人間が生きるための最低限の基礎的な賃金を受け取るといったものであり、言い換えるとボランティア的であります。

もちろん経済システムを変えるには、相当の勇気と優秀な頭脳の結集が必要となることでしょう。人類が医学の進歩に優秀な頭脳を結集したように、経済が円滑にいき、人間社会の進歩を促すためにも、優秀な頭脳の結集が必要不可欠であります。いかにすれば、有償経済十年の勤務にできるかということは、研究するに値することだと思われます。

この論拠は、もちろん霊魂彗星において役員をしているときに知り得たものであります。人間社会がなおも進歩を遂げレベル五を超えると、最高では、有償経済に携わるのが、五年でよいことになるのです。今の現状では、考えがたいですが、なにゆえに有償経済を激減しなければならないのか熟慮しなければなりません。

地球の資源等の諸条件を勘案すると同時に、人間あるいは生物が課題を成し遂げてそれらしく生きるためには、有償の経済活動が少ないほどよいという結果が総合的に生み出されたのです。

無償の経済に重心が移行するにしたがって、人間的な生活が得られます。そうすると、どのような境遇であろうとも生きる尊さを知ることが可能となるのです。

学校教育――霊的直感力と覚醒した意識を育む土壌づくり

真に育つと霊的な直感が芽生えて、創造力が幼くして発達し、人生の覚醒への前進となります。わが子がこの世に存在していることが、実に尊いことだと、親は正しく理解しなければなりません。

そのように覚醒した意識の持ち主の家庭で育まれた子どもは、幼児期から正しい道徳教育を家庭や地域社会の中で受けることにより、道徳心の原形を身につけて、地域社会の中で共に生きていくことができるようになります。幼いころに身につけたものは、刷り込みとなり、一生涯忘れられないものとなることでしょう。

人間にとって重要な次の段階の社会は、学校への就学です。子どもは何もかも持って生まれたものという考えではいけないことは、言うまでもありません。正しい教育を受け、温かい家庭と地域社会で育てられた子どもは、加えて学校における集団生活を通じ、社会人として生活できるようになるのです。

ここで気をつけなければならないのは、教育にあたる人です。子どもたちに与えるその影響力は非常に大きなものであり、それゆえに、集団生活の教育にあたる人は、人間の性格についての最小限のことは、知っておかなければなりません。

例えば、人間には無意識のうちに色彩的な表現がなされており、その色によって、感情的な精神作用が働きます。色彩の好悪は、過去の嫌な体験、あるいは良い体験に関する色のイメージが無意識のうちに働くことによる場合もあります。それに加えて、個人の顔の輪郭、肉体の色、体型等によって、親近感を抱いたり、また逆に違和感となることも往々にしてあります。その他にも生まれつきのものでなく、個の生活環境が影響を与えることもあり、それが、相性の善し悪しということになります。

十人十色といいますが、人間が十人も集まれば、その中には、一人や二人は、しっくりとしない人の存在があるものです。色彩的にいうならば、不調和が生じるということになります。人間の感情もしかりであって、嫌な対象の存在となり得るのです。

しかしながら、これらの相反すると思われる人の存在が、事物の進歩にとっては、偏りをなくすという意味において、非常に大事な要素となり得るのです。

人間社会の構築には、全ての人々が必要不可欠な存在です。いうならば、人間は色立体に含まれた色彩のようなものであり、全てとあいまってこそ完全な光となるのです。いずれの人とも等しく付き合うことによって、全てにおいて調和がとれるようになります。

したがって、本来人類には、無駄な人が誰一人として存在していないということになります。地球上の人々は、総合的にかかわりあいを持ちながら、個々人を研く存在なのです。

もちろん教育者も人間でありますから、好悪の感情が働くこともあるかもしれませんが、少なくとも小・中学生の間は、子どもは教育者を選べない状況であるので、可能な限り平等に接し、育てることが、それぞれの善さを伸ばすためには大切なのであります。

もしも、教育者が、このようなことをわきまえず、一義的に動物的な直感のみで判断を下し、虫が好かないという理由で、露骨に教わる側の子どもたちに対応し、えこ贔屓するとしたならば、たちまち自己開発の妨げとなり、悲劇に陥る子どもの数が、少なくとも数十%現出することになるでしょう。そして、彼らは教育者に失望して、希薄な信頼関係となり、結果として学問の道から遠のこうとするエネルギーが働くことになります。子どもの教育にあたる人は、このことを肝に銘じる必要があります。子どもにとって害になることは、少しでも避けなければなりません。寛容な精神の持ち主こそが教育者に値するのです。

加えて、霊的エネルギーの法則が存在していることも、理解しておかなければなりません。そうでないと、子どもたちは、しばしば切り捨て態勢の対象となってしまいます。

例えば、エネルギーの弱い人は強い人と比べると、だいたいにおいて理解度が劣ってしまうことが多いのです。とはいえ、今日の教育レベルについていけないものではないので、切り捨てるのではなく、教育の方法を十分考慮しなければなりません。かけがえのないものとしての自分の生き方に、目覚めるきっかけを与えることができればよいのです。

一番弱いエネルギー五ワットクラスの人々は、全体の五五%です。しかしながら、課題を成し遂げようと努力すれば、エネルギーの倍増あるいはそれ以上の増量が見込まれ、エネルギーの増量には一番効率がよいのです。三十ワットクラスの人間のエネルギーが倍増することは、まずありません。そう考えると、効率の面では、宇宙に対する貢献度が低いということになります。言い換えると、五ワットクラスの人々は、宇宙の段階的な発展のために最大の貢献を果たしているということになります。

人類の半数以上を占める存在である五ワットクラスの人々によってエネルギーが増量され、それが基礎となって、地球の発展が望めるのです。それゆえ自分が勝っていると思う人、おそらく法則でいうところの十ワット以上の人間は、折々の必要に応じてエネルギーの弱い人の力となることが望ましく、それが「人間が共に生きる」ということなのです。

エネルギーが強い人には、それにふさわしい役割が、備わっています。例えば、多くの人を束ねるという意味においては、大きな役割を担っています。今日、力の強い人間は、力の弱い人間に対して侮辱、いじめ等のおとしめる態度を示すものが多いのですが、そういった態度では、エネルギーの強い人間として生まれた意味がありません。いたわりの心で接し、必要なときに役立つ人間となることが、人間社会の中でのあるべき姿であると認識し、そのことを喜びに変え、力の弱い者をいい方向に引っ張るように転じることが、人間社会の発展へと結び付くのです。そしてそのようにすることが、本人にとっても最高の生きがいとなるのです。

学校の在り方は、そういったことを考慮したうえで、教育に携わる人たちと共に改善していかなければなりません。

子どもの能力に合わせた指導、あるいは、養護の態勢をとることによって、学校の様相が随分と様変わりするはずです。現在の教育現場『学校』のシステムでは、太刀打ちできないので、新たな対応策が必要となるでしょう。

とりあえず、一つの例として私の考える学校の在り方を述べることにいたします。

一つの学級の人数は、四十一人が適切です。もちろん教師は一人でなくても構わないのです。少人数学級の増える中、なぜ四十一人なのか。それは、人間社会の同世代の組織は、宇宙意識下の法則で示したように三十人、四十人、五十人の三つのグループと一人旅で構成されているので、平均すると四十一人くらいになるからです。グループの人々は、生まれる地域も、誕生するときも全く同じというわけではないので、あらゆる組み合わせの可能性があります。霊魂彗星の組分けを人間社会においてすることは、不可能であるので、無作為に平均値を取ることで妥協せざるを得ないのです。

しかし、霊魂彗星でのグループは、まとまりのある仲間同士ですが、無作為に集う場合は、なかなかそういうわけにもいきません。そのため、むしろ教師は一人一人の人格を注意深く観察することになり、子どもたちもそれぞれの存在価値を幼児期から意識することになります。そうなることによって、創造力が芽生え、人の生まれもった才能を育てることになるのです。不完全なグループであると認識することによって、なお一層人間の尊さを導き出すことが可能となるのです。

霊魂彗星においては、グループに一人の割合で障がい者が含まれることから、後天性の障がい者も含めると、一学級に一人ないし二人の障がい者を含まなければなりません。もちろんのこと障がい者の一人、あるいはガン等の難病の子どもも学級の一員であるとして、深くかかわりを持ち、友であるという認識が芽生える距離に近づけるように取り計らわなければなりません。そうするには、一クラスに一人の教師というわけにはいかなくなります。

いずれにしても、専従の教師がつかなければなりません。原則としてあらゆる障がい者が入学することになりますが、同じ障がい者であっても程度に差もあるので、それぞれの症状に合わせて、四、五段階に分ける必要が出てきます。そういう場合には、ケーススタディーによって教師の人数等を決めればよいのです。

重度の障がいのため普通の授業を受けることができない生徒は、障がいの程度に合わせて、可能な限り生きがいを導き出すように極力努めることです。また、普通の授業を受ける要望があれば、他の生徒の妨げにならないように参加させることも大事なことです。

学校に重度の障がい者が在籍ということになれば、同級生にとってその存在は、かけがえのないものであり、人間の成長に必要不可欠なものとなります。

キューブラー・ロス博士が「幼くして亡くなる子どもは早い時期に直感的、霊的次元が発達します。」（『宇宙意識への接近』）とおっしゃるように、重度の障がい者の多くは、死を意識することによって、霊的な直感が覚醒しやすくなり、健常な子どもは持ち合わせていない素晴らしいものを持っているのですから、それを信じて接することが望ましいのです。

重度の障がいがあるかなりの人が、教育期間中に人生の課題であった修行を終え、いわゆる死を迎え、霊魂彗星に帰星することになったとしても、友は、この状況、死に至るプロセスをしっかりと見つめるのがよいのです、そこから得るであろう真実を。友の死を目の当たりにすることによって、生命の尊さ、生きることとの素晴らしさを実感し、自分の存在理由の核心をつかむことが可能となるでしょう。そのことを人生を見つめるきっかけとするのです。

他方、重度の障がい者は、友にしっかりと見つめて、認めてもらい、相手に良い影響を与えることができたことにより、この世に未練を残すことなく、自らが選び抜いた課題を成し遂げた喜びと充実感に浸るでありましょう。このことは、幼くして不治の病にチャレンジした人々も同様です。

これらの人々の生きざまは、多くの人々の人生を正しく導こうとするものであります。もちろん、親となった人々の苦労は、計り知れないものでありますが、それに相応するだけの魂に響く贈り物をおおむね授かることができるのです。

いかなる人間も命有る限り、人に認めてもらいたいという願望があります。それは取りも直さず、自分は自分しか持ち合わせていない優れたものを持っているという自負心があり、正しく個々人に固有の善さが内在しているからであります。これは、生得的な叫びと理解してもよいものです。ましてや、生命の危機に瀕(ひん)するときには、輝かしい意識の高揚に遭遇するのです。それゆえ無条件の愛を注ぐことにより、友は、友よりの大きな贈り物を手にすることができるのです。

授業の内容はともかくも、共に学ぶその雰囲気、懸命な姿等を目の当たりにすることによって、生きることについて、真剣に考え、思う、それだけでも有意義な瞬間となることでしょう。

もちろん残り四十人ないし三十九人の生徒たちについても、多種多様な個性を伸ばし、成長を促すことを考慮しなければなりません。そのためには、少なくとも二人以上の教師が必要となります。それに加えて、幅広い指導者層、また障がいや病気の生徒に対応すべく医師や医療機関が緊急事態に処置できる位置に配してあることも必要であります。これらは、インフラストラクチャーに組み込んで対処するのがよいのです。

また、休憩時間やコミュニケーションの時間は、許される限り長く取ることがよいのです。そうすることによって、道徳心を始めとして、子どもに必要とされるさまざまなものを培うことができるのであります。少しでも多くの友人と横の関係で触れ合うことがよいのです。

休憩時間が終わり授業が始まると、それまでとは打って変わって成績を重視し、集中して授業の効率を上げればよいのです。理解度の上位と下位では、相当の開きが生じるので、二つあるいは三つに分けて、生徒に学習の内容を理解させるべきであります。まだ飽き足りない秀才的な生徒が存在すれば、それにふさわしい態勢を整えて、例えばインターネット等を活用して広く世界に呼びかけて、つながりを求める方法もあります。いうまでもなく、才能や能力など優れたところは、伸びれば伸びるほどよいのです。そうすると今日の未熟な社会で育った秀才とは異なり、ひいては、人類に大きな貢献をすることになるでしょう。これらの生徒にも大いに配慮する必要があります。何分割かにした生徒たちは、勉強に目覚め次第、適宜必要に合わせて編入できるようにします。そして授業に集中できるように工夫を凝らして、必要に応じた処置を施せばよいのです。

このようにして、全ての人々が共に学校生活をおくることが、人間らしく育つためには、必須なのであります。

生徒たちには、道徳心が芽生え、他者の妨げとなるような行為は、自ずと皆無に等しくなるはずです。授業中にはみっちりと勉強をして、休憩時間になれば、緊張感を解いて、四十一人の生徒が、それぞれ思い思いの遊びを通して、交流します。

心身に必要な肉体を鍛えることも含み、これらのことを小・中学校で十年近くと、高校、大学等までも学生の生活を繰り返すことで、人間の道徳的意識は、完全なものに近づくことになります。このようにして築かれた道徳心を基礎にして、人間社会を見つめると、今日のように人間がたびたび犯した愚かな行為は激減し、社会の秩序が成り立つことは、しごく当然のことだと言えるのです。

そうして人間社会が飛躍的に進歩することで、科学技術で作り出された道具に使われることなく社会レベルを上げることが可能となるでしょう。

人間もここまでくれば、個の存在を控えめにして正直になり、純粋にして愛に満ちる人生をひたむきに生きるということに得るのです。

このようになることで、地域社会が核となり、核と核が無限連鎖的なつながりとなって、真のグローバリゼーションとなり得るのです。

ここで、注意を必要とするのが、一人旅の存在です。ともすれば、評価を誤る可能性が高いのです。一人旅の人は、必ずしも人々の和の中に入らなくとも、疎外感を抱くことはなく、むしろ人々とほどよい距離を保ち、そこに存在することで意識的には、和の中にいるという存在意識を持つのです。何か事あれば、この一人旅の人は力を発揮することになるのですが、往々にして彼らの評価を誤り、協調性がなく、人付き合いの悪い人間、孤立した人間といったマイナスのイメージを抱き、悪い評価を下すのです。しかしながら、そのことには彼ら自身も、生得的であるがゆえに気がつかない状態なのであります。彼らには、一人の存在そのものが人生の課題であり、フリーな立場で事物を客観的に捉えて、思考して、皆に役立つであろうことを創造し、試みる役割があります。

このように事の本質を見てくると、現在社会の評価には、大事にしなければならない存在を切り捨てるといった逆転現象が生じていることが、容易に判明するのです。

現在の教育現場は、授業についていけない者は、そのままの状態で放置されて、高学年になるほどその人数は多くなり、落ちこぼれるといった状況であります。進級するほど顕著に現れ、小学、中学、高校の授業を理解している子どもの割合が俗に言うところの七・五・三となるのです。日本では、問題となってはいますが、打開策のない状態なのです。

真偽の程は定かではありませんが、資本主義社会でのほどよいプロレタリアートの存在を作るという意図の一端を担っていると思われる節があります。したがって、この状態をそれほどのものとして、国も地方も深刻に受け止めていないのです。しかし、学級崩壊ということになってたじろぐ状態となってきたのです。このような現状を生み出している社会の将来には、不安を抱かずにはいられません。一刻も早く打開して、人間として生まれ出て良かったと思われる人生を築かなければなりません。

人間というものは必ず、一個人しか持ちえていない、成し遂げようとする善の課題を内在させているのですから、今述べたような学級の中で教育を受け、自己開発に努め、得意分野を思い切り伸ばすことによって、それが契機となり、自分の生きる道を見いだすことが可能となるのです。まずは、個性『課題』を見つけ出すことであります。

教師も現状では、隔離された環境の中、社会とのかかわりが少なくなっています。そして、専門にその仕事のみに携わっていると、人間的に偏ったものに陥りやすくなってしまう恐れがありますが、地域社会と密着して、人々との交流を盛んにすることによって、共によりよく活性化することができます。そうして活性化した教育現場は、現実社会の縮図となるか、あるいは模範となり、社会に対しても全てを意味する教育現場となり得るのであります。

政治においても、また公の職にある人々も、社会人として働いている全ての人々は、現在に見られる浅ましく醜い部分は消失せざるを得なくなり、相手を陥れたりするような熾烈な競争社会は、滅亡するのです。そして、真の人間の歩むべき道を悟り、やがて人間社会は、切磋琢磨しながら向上を重ね、レベル五へと移行するのです。

それによって、地球上で懸命に生きることが、至上の喜びとなり、そのような生活態度になることで、全ての生命体の霊的エネルギーをたやすく増量させることができるようになります。全ての生命体と共に生きることが、宇宙経済の法則であることを知らなければなりません。これを知ることによって、人間には、いやがうえにも平等意識が芽生え、優劣などという意識よりも、自分に打ち勝つということを重要視するようになるのです。

このように提起した後も、優秀な学生が集まる国公立あるいは私学等のエリート校を存在させる場合には、障がい者の人々の割合を十人に一人くらいに増やし、障がいの程度も重度の人が適するのです。なぜなら、優れていると評価を受けている人間は、大体において霊的エネルギーの強い人たちだからです。強いエネルギーの保持者は、少数で障がい者と共に生きることが、しごく当然のことなのです。しかしながら、そういった対応が困難なときには、やむを得ないので、その精神をたたき込むことが大事です。これらの人々は本来、社会の核となり、信頼のできる人物となり、人間社会の向上を促すべき人々です。しかし、そういった教育を無視するとすれば、現在社会によく見られる上滑りな人生となり、自分は全てにおいて偉いのだという特権意識を持つようになるのです。そういう人は、錯覚に陥り、勝手に自分たちの取り分を多くしたりして、鼻持ちならない人間となり、数年後には、後ろ指を指される人間となりかねないのです。

ここで示した学校教育の在り方は一つの例であって、専門分野の人間が宇宙の法則をもとにして考えれば、解決策を見いだすことは可能となるはずです。

自己を超越し成長することが、宇宙全体の発展(霊的エネルギーの増量)につながる

ここで人間の本質をしっかりと把握する必要が生じてきます。

過去においても現在も、人類の存在理由の精髄を究めれば、人間は平等であるということにたどり着きます。この言葉は正しく、人間の本質と精神を完璧なまでにも表現しているると言えるものです。しかしながら、残念なことにこの言葉は、文学上の建前のようであって実践が伴わず、空虚な思いすらするのです。ですが、それが現在の社会体制でもあります。

人間は、平等であると感知しながらも、なにゆえ不平等となるのでしょうか。競争社会で後れを取るまいと目先の事物に捕らわれて、自分の良心を見失った結果として、不平等となります。あるいは、未熟な人間によって意図的に謀られた結果なのであります。

そして、私が体験で知り得た宇宙の営みの法則が存在することを、いまだ人類が知り得ていないということが、そういった結果を生み出す原因となっているのです。

霊的エネルギーは、お互いに助け合うことを前提とし、例外を除けば、四段階に強弱がつけられています。そのことによって、宇宙の安定に貢献するエネルギーの増量を効率よくすることができるのです。しかしながら、法則を知らないために錯覚して、霊的エネルギーの強弱のみを評価の判断材料としているところに、問題があるのです。

宇宙全体の生物（生命体）には、それぞれの生物にふさわしい霊的エネルギーが備わっています。そして、それにふさわしい個々人の課題を自らが選び、成し遂げようとすることにより、エネルギーの増量が見込まれ、宇宙の一員としての役割を担っているのです。

前述したコンクリートの素材配合が、大きさも堅さも違う個々の素材が一つになることによってより堅固なものとなるように、宇宙の安定をはかる経済システムによって、効率的配分がなされた人類は、共に生きることによって、堅固な人間社会を構築することができるのです。

かつては、あるいは今日もなお、輪廻転生をマイナスイメージで捉えている人々は、数多く存在します。なぜならば、転生するのであれば、マイナスと思われる人生である場合や耐え難い出来事に遭遇した場合に、人生を諦めて死を選び、再び生まれればよいという考えが成り立つからです。そしてそのことにより、死を選ぶ人が続出するであろうとの判断が示されるからです。

　しかしながら、宇宙意識体験から明らかになったような宇宙の真の営みを知ることによって、そのような思いは、払拭(ふっしょく)されます。耐え難い出来事に遭遇したために死を選ぶという行為が、いかに愚かなことであるかがわかるでしょう。己を超えようとするとき、どのような行動を取るかということで真価が問われるのです。そこで自己を超越し成長することによって、霊的エネルギーの増量を促すことが可能となるので、このことをチャンスだと捉えることが大事なのです。

　とはいえ、現実社会の個を取り巻く環境が、あまりにも霊魂彗星における課題設定時とギャップがあるということから、人生設計にないはずの自殺という結果を導かざるを得なかったことは、個だけの問題ではありません。やはり社会のレベルを何としても上げなければなりません。

　そして、後世のことを考えず資源を無駄遣いしたり、自分さえ現在さえ良ければよいというような考えは払拭し、また生まれて来たいと思えるような地球を目指さなければならないのです。

　人として、地球に旅立ったからには、当初の目的であるところの課題を成し遂げなければなりません。そのために誕生の意義から成長の過程、そして障がい者あるいは弱者と称される人々の存在理由などを述べてきたのであります。

現在は、一部の科学と人間社会のバランスの崩れが大きくなる一方であります。科学がレベル四であるのに対して、人間社会はレベル二というところで、著しい隔たりが生じています。なおも科学のみが進歩すれば、人類、地球のあるべき姿が著しく破壊されて、一部の人間のみが満たされる世界を築こうとして、戦争の多発状態を繰り返しかねません。

それだけでなく、人間が地球以外に進出して幾世代を超えれば、現在社会で見られるような争いが、宇宙戦争というかたちとなる可能性もあるのです。

それゆえに、全宇宙の生物の霊的エネルギーのルーツは一定の管理下におかれていて、元をただせば、仲間なのであるということを知らしめたのであります。

人生は、自己の課題を乗り越えるための三日間（九十年）の旅でありますから、人生においては苦労が付きまとうものであると認識しなければなりません。そして、その苦労を克服するためにベストを尽くすことが、人生の目的意識の多くを占めているのであります。

個々人がベストを尽くすことによって霊的エネルギーの増量となり、転生の都度増量がなされたエネルギーは、宇宙の発展のために大きく貢献することになります。

宇宙は、長期にわたっては、不安定な要素を多分に含んでいるため、突発的な事故にも備えて、生命体の維持とりわけ人類の絶滅を回避しなければなりません。そのために、霊魂彗星においてさまざまなことをコントロールすることが、必要不可欠となります。そしてそのとき、膨大なエネルギーが必要となるため、霊的エネルギーが常に多量に蓄積された状態であることが、望ましいのです。それゆえに生命体を多く送り出すことによって、蓄積されるようにして安定を図っているのであります。

生物の種類にもよりますが、いずれにせよ漸進的に進歩を遂げようとしているところなのであります。その思いを馳せて、生きがいとなるものを求めて、転生の挙につくのであります。

地域社会の中で障がい者やさまざまな人々と共に生きることによって、生命の尊さを知り、他を思いやり、切磋琢磨しながら懸命に生きること、それによって、人生の旅を終えたとき、自らの生きざまが恥じないものであることを願う次第であります。

あとがきにかえて

～娘より～

〝お父さんがあの世の裁判官!?〟

いきなりそんなとんでもないことを打ち明けられても、家族としてはすぐに受け入れることはできませんでした。

今から三十年前、父は特別な体験をしました。しかし、そのことをしばらくは誰にも話さず一人で悩んでいたようです。

私がまだ小学生だったころ、「死後の世界」のことを少しだけ話してくれたのを覚えています。話の内容は忘れてしまいましたが、(他人に見られて困るようなことをしてはいけない)(死んだ後で後悔しないように生きよう)ということが子供心に残ったのでした。

それと同時に、突然そのような話をした父親に対して、(お父さんは一体どうなってしまったのだろう?)(夢なら早く忘れてほしい)という思いを抱きました。子供ながらに父がそのような話を他人にすれば、おかしくなったと思われるのではないかという不安があったのです。

私には、母と妹二人がいます。そのころの父は、世の中の人にいかに伝えるべきかということを考える半面、家族の生活を支えなければならないという問題を抱え、思うようにことを運べなかったようです。家を出て集中して文章を書き残したいという思いもあったようです。その思いは、家族にも伝わりました。自営業であり、家族の生活が崩れてしまう気がして、そのことは私たちにとっては大きな不安でした。父にはそのままでいてほしかったのです。

社会人になるまでに何度か軽く話を聞くことがありましたが、私も含めて家族は父がその話をすると複雑な思いになり、きちんと受け止めることができませんでした。

死ぬということは、誰の身にも起こることです。父に話を聞かないまでも、（死んだらどうなるのだろう）（どうして生まれてきたのだろう）ということに対して、関心はありました。本当は、死後に関して多くの疑問があり、謎があり、それを知りたいという思いはあるのにそれを父に問うことはしませんでした。おそらく問えば、詳しい説明をしてくれたことでしょうが、できませんでした。そして父もそんな私たちにあまり詳しくは話さなかったのでした。

けれど、話を聞くたびに（自殺は絶対いけない）（すべての出来事には意味がある）（人間は助け合って生きていかなければならない）というような思いがいつのまにか自分の中に蓄積されていくのでした。

結局、父は家族を養うために寝る間を惜しんで働かざるをえない状況でした。それでも仕事が終わると皆が寝静まった後に何やら原稿用紙に書き留めていたのでした。

そうして何年か経ち、娘三人も社会人となり、ようやく自分の時間が作れるかというときに父はガンになってしまいました。幸い早期発見のため、手術後身体は回復していきました。しかし、このとき死を意識した父は、あの体験を世に伝えることなく死んでしまうことは何よりも悔やまれると改めて感じていたようでした。

そしてその後は、それまでにも増して仕事の合間に原稿用紙と向き合っていました。

ところが、実のところ父にとっては本を読んだり文章を書いたりすることが一番苦手なことだったのです。どちらかといえば理系が得意な父にとって、文章を書くということはとても大変な作業だったのでした。

当時私は、結婚していて子供もおり、会社勤めをしておりました。しかし、今から数年前に思い切って会社を辞めて父の出版を手伝うことにしたのです。父の文章を直しながらワープロで原稿にして、耳の遠い父の代わりに出版交渉もしようと決めたのでした。

会社員として勤めている娘が仕事を辞め、収入が途絶えることになってしまい、なおかつ先行きのわからぬ出版活動を手伝うなどと言えば、一般的には会社を続けるようすすめるのではないでしょうか。ところが、父は「よく決心してくれた」と心から喜んでくれたのでした。このときあらためて、父がウソや幻や夢のようなあいまいなものでない特別な体験をして、その体験をどうしても世の中に伝えなければならないと確信しているのだということを知りました。

こうして、初めて父の文章に正面から向き合ったのでした。

いざ読み進めるとなると、それまでのようにただなんとなく理解しているというだけではだめでした。わからないところは、そのつど質問しました。そうすると、わからないと思っていた文章も徐々に理解していけるのでした。

ずっと側で父をみていますが、作り話でなくどうしてそのような知識を得たのか、なかなか理解することができませんでした。これは、本当のことなのだろうか、それとも違うのだろうか、本当でないならこのような本を出版してよいものなのかということが常に私の頭の片隅にはありました。

しかし、あるとき思ったのです。真偽の程は定かではありませんが、仮に偽であったとしても、私の生き方によい影響を与えているということを。反対に真であるならば、この本を出版せずに死んでしまったら悔やまれるのではないかと。

父の本を理解することによって私自身にいろいろと変化がありました。

魚の話を聞いて、今まで以上に食物に感謝し、意識して食べるようになりました。

障がいのある人や困っている人を駅や街で見かけたら、思い切って声をかけて力になるようにしました。喜んでその行為を受け止めてもらうと、不思議なことに力を貸したはずの自分が結果的には相手から元気になれる力をもらうのでした。自分を必要としてもらえることはとても幸せなことでした。

身の回りの人々や出会う人々が自分と何らかの縁がある人々かもしれないと思うと、人との付き合いもかかわってくるのでした。

嫌だなと思う相手があらわれると、「嫌な存在こそが事物の進歩にとっては、偏りをなくすという意味において大事な要素となりうる」ということを思い出し、どう付き合っていこうかと考えるようになりました。私は、どうしてこの人が苦手なのだろうか。自分に何か原因があるのではないか。この人の良いところは？　と。そうしてさまざまな人と関わりあううちに、人間関係に悩むことも少なくなりました。

我が子を所有物ではなく、私たち親を選んで生まれてきてくれた一人の人間として認識することは、子育ての際にも良い変化をもたらしました。

そして何より、自分が親を選び人生の課題をもって今を生きているということを知ることは、困難な出来事に立ち向かうとき、前向きに進んでいく力となってくれるのでした。

いつのまにか、父の本の内容は、私の生き方や生活に大きな影響を与えていて、気が付くとそのことを知るまでの自分より幸せを感じて生きていけるようになっていました。

またこの世に生まれてくるのなら、今さえ自分さえ良ければいいのではなく、社会全体のこと、世界の平和を考えなければなりません。世界のどの国にでも生まれ変わることができるということは、次は自分がどの国を選ぶのかわからないということになります。たとえどのような国に生まれたとしても、幸せを見いだせる最低限の環境に身を置きたいものです。限りある資源も子供たちやまた生まれてくる未来の自分たちのために、ムダのないよう大切にしなければなりません。

まだまだ私自身、できていないことも多く、何ができるかわかりませんが、一人一人の意識や行動は、大きな力になることと思われます。

本の内容が信じられなくてもいいと思います。ファンタジーと思われてもよいかもしれません。この本を読まれた方々が幸せな人生を送り、社会が進歩するきっかけとなれば幸いです。

平成二十一年十一月

謝辞

この本を書くにあたり、いろいろと考え悩みもしましたが、この体験を文章にして人に伝えたいという強い思いから決心をしました。目に見えないもの、現社会では言葉が見当たらないものを伝えることは、とても困難な作業でした。伝えたいことが理解してもらえるのだろうかという思いもありました。

しかし、そのような状況で執筆することができたのは、一歳四カ月の生涯で旅立った長男の力添えがあったおかげだと思います。

家族は、当初はなかなか受け入れ難かったようで、悩ませるようなこともあったようです。しかし、長い歳月の間にそれぞれの人生において、私の話から得たものを知らず知らずに実践しているようでした。今ではよく理解してくれています。

知人の皆様にも忙しい時間を割いて原稿に目を通していただき、ご意見を頂戴することもありました。

そうした皆様のおかげで、ようやく書き終えることができました。

最後になりますが、再度出版の機会を与えてくださったヒカルランドの石井健資氏、溝口立太氏のご尽力に心から感謝を申し上げます。

皆様、ありがとうございました。

令和三年六月

吉田壽治

吉田壽治　よしだ じゅうじ
1939年大阪府豊中市生まれ。
オーダーメードの紳士服商を営む。十代後半に腹式呼吸と瞑想を身につけ、そのことと長男（１歳）の死がきっかけとなり、1979年に宇宙意識体験をして、自分が霊魂彗星（あの世）の裁判官（役員）であったことを思い出す。以後、その内容を人々に伝えるために執筆活動を続けている。

本作品は、2010年１月、徳間書店５次元文庫で刊行された『私はあの世の「裁判官」だった』に一部加筆した新装改訂版になります。

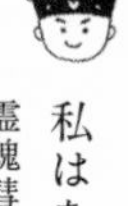

私はあの世の「裁判官」だった

霊魂彗星：初めて明かされる魂の発信基地

第一刷　2021年7月31日

著者　吉田壽治

発行人　石井健資

発行所　株式会社ヒカルランド

〒162-0821 東京都新宿区津久戸町3-11 TH1ビル6F
電話 03-6265-0852　ファックス 03-6265-0853
http://www.hikaruland.co.jp　info@hikaruland.co.jp

振替　00180-8-496587

本文・カバー・製本　中央精版印刷株式会社

DTP　株式会社キャップス

編集担当　溝口立太

ISBN978-4-86471-797-7

著者まありん
関連グッズ

オーラや場、物の浄化に

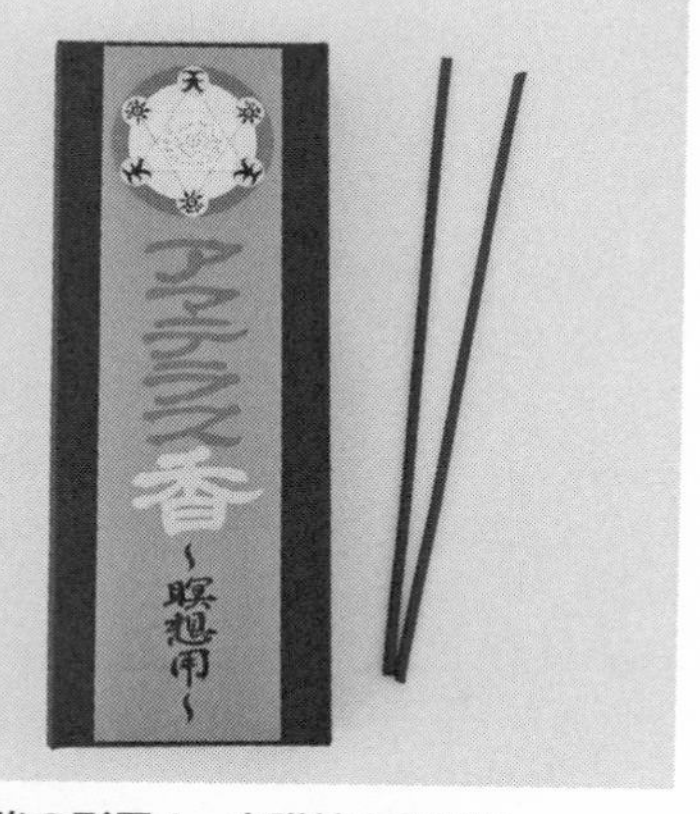

観音香
3,300円（税込）

貴重な老山白檀をふんだんに使った、上品な香りのお香です。煙が出ますので、人のオーラや、場や、物の浄化に適しています。贈り物にも重宝されています。

結界張りやリラックスしたい時に

「宇宙最強の形霊！ 守護神と繋がる
御守マーク」を箱に使用！

アマテラス香～瞑想用～
3,300円（税込）

没薬、乳香、安息香を配合した、煙の出ないお香です。灰は落ちずにそのまま固まりますので、手でつまんで捨てられます。煙が出ないので、どんな場所でもお使いいただけます。箱にパワーシールを印刷していますので、使い終わった後も捨てずに活用していただけます。場の結界を張る時や、深い呼吸でリラックスしたい時などにお勧めです。

ヒカルランド　好評既刊！

地上の星☆ヒカルランド　銀河より届く愛と叡智の宅配便

ソロンとカリン　龍神物語
著者：先端技術研究機構
四六ハード　本体2,000円+税

【新装版】宇宙人の魂をもつ人々
著者：スコット・マンデルカー
監修：南山 宏
訳者：竹内 慧
四六ソフト　本体3,000円+税

菩薩医学
著者：奥山輝実
四六ソフト　本体2,000円+税

【新装版】
イエス・キリストと神武天皇
著者：茂木 誠
四六ソフト　本体1,700円+税

創造の法則
著者：奥平亜美衣／阿部敏郎
四六ソフト　本体1,800円+税

大麻——祈りの秘宝
著者：本間義幸
四六ソフト　本体2,000円+税